Ansha

Magie der Rituale

ANSHA

Magie der Rituale

Anleitung zu wirksamen Ritualen für jede Lebenssituation

LUDWIG

~INHALT~

TEIL 2
DIE PRAXIS DER RITUALMAGIE

Vorwort

Rituale finden Sie überall – denn sie bestimmen unser Leben. Doch dessen sind wir uns nicht immer bewusst. Wenn Sie sich einmal selbst beobachten, werden Sie feststellen, dass diese Behauptung stimmt. Zu den Ritualen gehören z.B. alle Handlungen, die Sie als Gewohnheiten und Sitten kennen. Jeder von uns hat seine Regelmäßigkeiten im Tagesablauf: Sie betreffen die Körperpflege, das Ankleiden, Mahlzeiten zu bestimmten Zeiten an bestimmten Orten, Formen der Kommunikation und der Entspannung.

Jede Begrüßung ist ein kleines Ritual. Es erfolgt nach bestimmten Regeln, zeigt darin Abstufungen an Respekt und Herzlichkeit, die symbolisch dargestellt werden. Küsschen, Küsschen oder zackiges Hackenknallen, ein freundliches Nicken oder eine steife Verbeugung – man versteht die subtilen Inhalte ohne Worte.

Einen rituellen Charakter haben auch die persönlichen Gepflogenheiten an Fest- und Feiertagen. Geburtstage werden mit einer Party oder einem Kaffeetrinken gefeiert, an Weihnachten hängt man Lichterketten auf und schmückt die Wohnung mit Tannengrün, an einem der trüben Novembersonntage geht man auf den Friedhof und zündet eine Kerze an, und aus irgendeinem Grund scheint der 1. Mai immer wieder zum Spaziergang in der grünenden Natur anzuregen. Nicht alle Menschen haben die gleichen Sitten, sie hängen von der Familientradition, dem eigenen Empfinden und manchmal auch von vorgegebenen Verpflichtungen ab. Aber unübersehbar sind feste Gewohnheiten und Rituale bei jedem Menschen da.

Mit Magie hat das zunächst noch nichts zu tun. Denn erst wenn man mit einer bestimmten Absicht ein Ritual begeht, kommt die Magie ins Spiel. Und auch sie ist allgegenwärtig. Nämlich immer, wenn sich Wandlungen im Leben vollziehen. Manche Menschen behaupten dann, dass ihre Wünsche in Erfüllung gegangen sind oder ein Wunder geschehen ist. Andere sprechen verdutzt von Zufällen.

Rituale – ein abergläubischer Hokuspokus?

Magische Rituale vermuten wir häufig nur noch bei Naturvölkern, oder wir schieben sie kopfschüttelnd in die mittelalterliche Welt der Alchimisten und Wunderwirker.

Die Ursache liegt vor allem darin, dass Ethnologen und Anthropologen des 19. und 20. Jahrhunderts, die sich wissenschaftlich mit Ritualen befassten, das seltsame Gebaren der Naturvölker mit Staunen, Grauen oder milder Nachsicht beobachteten und alles, was sie nicht verstanden, als abergläubischen Hokuspokus abtaten. Inzwischen hat sich die Einstellung zum Glück ein wenig geändert, und von der klinischen Beobachtung ist man weggekommen. Der Erkenntniszuwachs ist dadurch beträchtlich geworden. Der abergläubische Hokuspokus hat einen Sinn erhalten, die komplexen Rituale scheinen wahrhaftig etwas zu bewirken. Wer an ihnen teilnimmt, geht anscheinend gewandelt daraus hervor. Warum – nun, das liegt an dem Unerklärlichen, dem Mysteriösen, dem Geheimnisvollen, das sich Magie nennt. Magie ist eine Kraft, die wirkt, doch nicht mit den üblichen Mitteln unseres Verstandes fassbar ist.

Magie wirkt im Ritual

Magie ist das wissentliche und willentliche Verändern des Bewusstseins. Über diesen Satz lohnt es sich eingehend nachzudenken, denn er ist die beste Annäherung an eine Beschreibung, wie Magie funktioniert. Dass sie funktioniert, ist unbestritten, doch das »Wie« entzieht sich einer Definition. Seit Menschengedenken haben Sucher und Macher – Magier eben – an der Magie gearbeitet und festgestellt, dass ganz bestimmte Konstellationen aus Zeitpunkt, Ort, Hilfsmitteln und Hand-

lungen durchaus zu beeindruckenden Resultaten führen. So entstanden magische Rituale.

Was aber der Steinzeitschamane, die Hohepriesterin der Großen Mutter, der keltische Druide, die Weise Frau oder der mittelalterliche Alchimist zu ihrer Zeit als wirkungsvoll erkannt haben, passt nicht mehr in unsere Gegenwart. Vollzögen wir diese Rituale buchstabengetreu, würde sich wenig bis nichts tun. Es fehlt der persönliche Bezug zur damaligen Weltsicht, zur Zeit und zum Raum. Das ist leider auch das Manko der kirchlichen Rituale, die sich nur schleppend erneuern und damit heute sinnentleert erscheinen.

Dennoch – wir Menschen müssen uns der Magie in unserem Leben bewusst werden. Sie kann uns helfen, uns und unsere Umwelt so zu verändern, dass wir im Gleichklang mit den Schwingungen des Universums leben können. Die Techniken, die man braucht, um mit den geheimen Kräften der Magie zu arbeiten, sind Rituale – sinnvolle, symbolische Handlungen, die für den Ausführenden von tiefer Bedeutung sind.

Für den außenstehenden Beobachter allerdings mögen sie wie abergläubischer Hokuspokus aussehen, nicht anders als die fremdartigen Zeremonien der Naturvölker.

Ein Ritual ist ein Kunstwerk

Ein Ritual kann kurz und bündig sein. Das Heben der Hände zum Himmel, ein Stoßgebet an jene hilfreichen Kräfte, die Hände vor der Brust kreuzen, den Kopf senken – das ist ein kurzes, schlichtes, wirkungsvolles Ritual, eine machtvolle symbolische Handlung, die sofort Wirkung zeigt. Doch je kürzer das Ritual, desto kürzer die Wirkung. Wenn wirklich eine nachhaltige Veränderung geschehen soll, bedarf es der gedanklichen, geistigen und materiellen Vorbereitung. Ein Ritual ist ein Fest, die Magie ist der Gast, und die magischen Kräfte ehrt man durch eine liebevolle Gestaltung der Feier. Dadurch wird das Ritual zu einem Kunstwerk. Aus diesem Grund gibt es Tempel von großer Schönheit, bewegende Hymnen und Dichtungen, ergreifende Gesänge, Erzählungen, die die innersten Gefühle aufwühlen, Mysterienspiele, Gemälde und heilige Tänze.

zum einen am Lebenszyklus des Menschen und zum anderen am Jahreskreis ausgerichtet sind. Das heißt für Sie jedoch nicht, dass Sie sich dogmatisch an bestimmte Zeitpunkte halten müssen. Die Magie wirkt selbstverständlich zu jeder beliebigen Zeit in Ihrem Leben oder im Lauf des Jahres – wenngleich sie zu den genannten Terminen leichter durchzuführen ist, denn Zeit und Raum sind eben auch bestimmende Faktoren der Magie.

Vor allem aber möchte ich Sie mit den Beispielen anregen, sich mit den rituellen Techniken vertraut zu machen, damit Sie in der Lage sind, eigene Rituale zu gestalten, Ihre persönliche Kunstfertigkeit darin zu entfalten und das Wunder der Wandlung zu vollziehen – für sich und für andere.

Das Handwerkszeug der Magie

Sie finden im ersten Teil des Buches methodische Hinweise, wie ein Ritual wirkungsvoll aufgebaut werden kann. Das ist die formale Seite, die Sie kennen lernen werden. Und dann müssen Sie natürlich auch wissen, wie Sie die magischen Kräfte selbst in das Geschehen einbinden können. Welche Helfer finden Sie, um Erfolg, Harmonie, Gelassenheit und Selbstbewusstsein, Schutz und Sicherheit für sich zu erwirken? Wie binden Sie etwas an sich oder lösen sich wieder davon? Mit welchen praktischen Maßnahmen kann man Kräfte aktivieren, wie wirken Symbole, Zeichen und Worte im Ritual?

Im zweiten Teil des Buches finden Sie eine ganze Reihe von Ritualen, die thematisch

Überblick über die beschriebenen Rituale

Teil 1

Grundlagen der Ritualmagie

1. Kapitel

Wie wird ein Ritual magisch?

»Sakramente sind für unser Denken noch immer etwas radikal anderes als magische Rituale und Tabus etwas radikal anderes als Sünden.«

Mary Douglas

Bevor wir zum Ausführen von Ritualen übergehen, muss zunächst einmal Klarheit darüber bestehen, über welche Art von Ritualen hier gesprochen werden soll. Denn Ritual ist ein Wort, das für zwei sehr unterschiedliche Handlungsweisen verwendet wird. Im ersten Fall beschreibt es einen Vorgang, der in seiner laufenden Wiederholung formalisiert ist. Zoologen sprechen beispielsweise von Drohritualen oder Balzritualen, die Tiere in bestimmten Situationen durchführen. Sie meinen damit ein triebgesteuertes Verhalten, das bei jedem Tier seiner Art in gleicher Weise abläuft. Soziologen haben dieses Verhalten an den höheren Tieren, den Menschen, ebenfalls beobachtet. Auch wir haben ritualisierte Verhaltensformen – vom morgendlichen Kaffeetrinken bis zum abendlichen Zähneputzen –, die wir, ohne groß darüber nachzudenken, einfach absolvieren. Wir nennen sie auch Gewohnheiten und werden ärgerlich, wenn wir darin gestört werden. Diese Gewohnheiten und ritualisierten Abläufe sind wichtig, sie bilden den Rahmen unseres Lebens, sind Stütze und geben Sicherheit. Man braucht nicht besonders darüber nachzudenken, in welcher Reihenfolge etwas getan werden muss – man schaltet einfach die Kaffeemaschine an, holt die Zeitung ins Haus und schmiert sich ein Brötchen. Magie spielt bei diesen Ritualen keine Rolle.

Etwas umfangreicher sind Rituale, die andere Menschen mit einbeziehen. Familienbesuche, die immer in derselben Art erfolgen, gesellschaftliche Verpflichtungen, die bestimmte Formalien verlangen, berufliche Einsätze, bei denen gewisse Verhaltensweisen gewünscht werden. Hier gilt es Regeln – geschriebene oder ungeschriebene – zu befolgen. Verstößt man dagegen, bekommt man rote Ohren. Sie selbst haben auch derartige Angewohnheiten und Gebräuche. Aber verändern sie etwas in Ihrem Leben? Wenn ja, dann führen Sie noch richtige Rituale aus. Wenn Sie jedoch im Januar nur die staubigen Lichterketten wegräumen und den nadelnden Baum auf den Müll werfen und zu Ostern gedankenverloren ein paar Eier an einen Strauß Weidenkätzchen hängen, dann waren die magischen Kräfte bei Ihnen nicht zu Gast.

Sinnvolle Rituale wirken Wunder

Es sind nicht die ritualisierten Gewohnheiten oder Sitten, die wir in diesem Buch betrachten wollen. Wenn hier von Ritualen gesprochen wird, dann von solchen, die eine wirkliche und bewusst erwünschte Veränderung bewirken. Welche Kräfte aber bewirken Veränderung im Leben eines Menschen? Der Glaube versetzt Berge, sagt man. Wenn er das kann, dann dürfte es für ihn ein Leichtes sein, auch den Menschen zu verändern. Darum hat man den wirkungsvollen Ritualen üblicherweise einen religiösen Charakter untergeschoben, so dass diese als solche oft nicht mehr erkennbar sind. Auch in unserer christlich-abendländischen Kultur haben wir religiöse Rituale. Aber wirken sie noch Wunder? Für die wahren Gläubigen dieser Kirchen tun sie das bestimmt noch. Aber das liegt leider mehr an den Gläubigen als an der Wirksamkeit dieser Rituale. Religion, eine bestimmte Glaubensrichtung, kann, muss aber nicht die Wirkungsweise eines Rituals ausmachen. Es wirkt darin noch etwas anderes, das dazu führt, dass ein Mensch, nachdem er eine rituelle, sinngebende Handlung durchgeführt hat, sich oder seine Umwelt verändert vorfindet. Aber es ist schwer zu fassen, was das wirklich ist. Es wirkt eine Kraft, von innen kommend oder von außen gesandt, die weder messbar noch – üblicherweise – kontrollierbar ist. Man nennt sie gewöhnlich Magie. Um das begreifen zu können, müssen wir natürlich zunächst versuchen zu verstehen, was Magie ist und wie magische Kräfte wirken.

Was sind magische Kräfte?

Dies ist der Versuch einer stark vereinfachten Erklärung des Unerklärbaren. Wir sind Kinder eines intelligenten und sich wahrscheinlich auch zielorientiert entfaltenden Universums. Dieses Universum ist unpersönlich, und außer dass wir Teil davon sind, kümmert es sich keinen Deut um das persönliche Einzelschicksal. Es ist beinahe unmöglich, das zu begreifen, denn diese Intelligenz ist höher als die unsere und sie entzieht sich unserem Verstand. Tröstlich hingegen ist es zu wissen, dass wir dennoch im Einklang mit seinen Schwingungen leben und die Strömungen dieses gewaltigen, universalen Netzwerks nutzen können. Manches haben wir sogar schon mit dem Verstand erkundet, die physikalischen, chemischen, biologischen Gesetzmäßigkeiten erkannt und sie für uns anwendbar gemacht. Die Kräfte, die sich dem Intellekt entziehen, müssen jedoch anders angesprochen werden, und das geschieht über die Bilderwelt der Symbole und Analogien. Hier finden wir plötzlich wieder die Führer und Helfer, die einen persönlichen Bezug herstellen zwischen dem »Oben und Unten«. Es sind diese personifizierten Kräfte, die die Veränderungen geschehen lassen, die uns über die Schwellen des Lebens begleiten und uns Orientierung in den neuen geistigen und seelischen Räumen geben. Wir müssen sie nur um Beistand bitten. Sie haben viele Namen. Die einen sagen, es sind die Götter, andere meinen den Gott oder die Göttin, je nachdem. Sie werden auch kosmische Energien, Engel, Naturgeister, Chi, Mana, Heilige, Krafttiere,

Geisthelfer genannt und haben noch viele weitere Namen. Letztlich ist die Bezeichnung abhängig vom Erklärungsbild der Welt, dem sich Einzelne oder Gemeinschaften zugehörig fühlen. Da sie in allen Kulturen und zu allen Zeiten gerufen, angebetet und um Hilfe angefleht wurden, sind sie ganz offensichtlich existent, denn sie bewirken etwas. Sie wirken auf unser Leben ein, und solange wir sie leugnen, spielen sie Zufall, Glücksfall, Pech oder Schicksalsschlag. Werden wir uns ihrer aber bewusst und öffnen wir uns für diese unfassbaren Mächte, dann können wir mit ihnen kooperieren, dann können wir sie um Hilfe und Schutz bitten. Allerdings können wir ihnen weder befehlen noch sie zähmen, wir können sie nicht bestechen und nicht überlisten. Diesen Irrweg haben vor uns die mittelalterlichen Magier und Dämonenbeschwörer eingeschlagen, wir brauchen diesen Fehler nicht zu wiederholen. Das ist doch auch schon mal eine erfreuliche Erkenntnis.

Wie arbeitet man mit magischen Kräften?

Ganz einfach – über ihre Symbole. Schön, ganz einfach ist das nicht, aber was in der Welt ist schon ganz einfach? Man muss natürlich erstens wissen, welche Kräfte man benötigt, und zweitens muss man wissen, über welche Symbole man sie anspricht. Die verschiedenen magischen Modelle, die sich im Laufe der Jahrtausende entwickelt haben, besitzen alle ihren Satz gültiger Symbole, mit denen die Eingeweihten, also jene, die deren

Bedeutungen gelernt haben, Magie wirken. Die Germanen taten es mit den Runen, Kabbalisten arbeiten mit dem Lebensbaum und den hebräischen Namen, die Druiden hatten ihre Bäume, die mittelalterlichen (und manche heutigen) Christen ihre Heiligen und deren Symbole. Die Götter und Geistwesen zeichnen sich alle durch Symbole aus, mal ist es das Kreuz, mal das Pentagramm, mal Dreizack oder Mondsichel, und diejenigen, die sich in dem besagten magischen Modell auskennen, wissen sofort etwas damit anzufangen. Sie setzen diese Symbole nämlich in Ritualen ein, um mit der Kraft, die dahinter verborgen ist, in Kontakt zu treten.

Als Autorin muss ich jetzt ein Problem lösen, denn ich weiß nicht, welchem traditionellen Erklärungsbild der geistigen Welt Sie sich zugehörig fühlen und welche der Geister oder Götter für Sie mit Leben erfüllt sind. Darum kann ich Ihnen nur Vorschläge machen, wie Sie handwerklich Rituale aufbauen können. Über den Inhalt und die gerufenen Kräfte müssen Sie immer selbst bestimmen. Und Ergebnisse kann ich leider auch nicht garantieren. Allerdings kann ich Ihnen versichern, dass es Resultate gibt, wenn Sie sich ernsthaft, wissentlich und willentlich mit den magischen Kräften auseinander setzen.

Das magische Ritual – ein Drama in Symbolen

Die Zusammenarbeit mit den magischen Kräften geschieht über Symbole. Damit sind nicht nur Gegenstände und Bilder gemeint, sondern vor allem symbolische Worte und Handlungen. Daher kann ein magisches Ritual wie ein Schauspiel oder wie eine große Oper wirken, obwohl es nicht für Publikum, sondern ausschließlich für die Beteiligten dargeboten wird. Grundsätzlich laufen solche Handlungen in zwei Richtungen ab.

Die Tradition der Mysterien

Diejenigen Rituale, in denen man sich mit den magischen Kräften verbündet, um Erfahrung mit ihnen zu sammeln und sich mit Traditionen oder Religionen zu verbinden, ihrer zu gedenken, zu danken oder sich zu weihen, sind Schauspiele, die sich aus der Vergangenheit ableiten. Es sind beispielsweise die Mysterienspiele, in denen das Schicksal der Götter dargestellt und miterlebt wird. Die antiken Kulte haben solche Spiele zu hoher Blüte gebracht, und die bekanntesten mögen die Eleusinischen Mysterien sein, in denen die Suche der Kornmutter Demeter nach ihrer Tochter Persephone in der Unterwelt dargestellt wurde. Aber auch die noch immer durchgeführten Passionsspiele haben einen solchen Charakter, wenngleich sie heute ohne Beteiligung der Gläubigen zu reinen Schauspielen degradiert wurden und keine Einweihung in die Mysterien des Glaubens mehr beinhalten.

Rituale, die die göttlichen Erfahrungswelten darstellen, werden häufig zu bestimmten Terminen durchgeführt, die im Jahreskreis von symbolischer Bedeutung sind. Bei uns sind das vor allem die vier Sonnenfeste – Frühlings- und Herbstäquinox und die beiden Sonnenwenden. Aber auch die alten keltischen Sonnenfeste, die genau dazwischenliegen – Imbolc, Beltane, Lugnasad und Samhain – gewinnen wieder an Wichtigkeit.

Zukunftsweisende Magie

Die andere Form des rituellen Schauspiels zielt in die Zukunft. Werden die Mysterienspiele vor allem von Gruppen von Gleichgesinnten aufgeführt, so haben diese Rituale vorwiegend individuellen Charakter. Mit der symbolischen Handlung, wie ausgefeilt und aufwändig sie auch immer gestaltet ist, wird ein zukünftiges erwünschtes Ereignis dargestellt und somit den magischen Kräften überantwortet. Dazu gehört einmal die intensive Beschäftigung mit dem, was man erreichen möchte, die Ausarbeitung des rituellen »Drehbuchs« und das Vertrauen darauf, dass das symbolisch dargestellte Ereignis in der Zukunft eintreten wird. Sind diese drei Voraussetzungen erfüllt, tritt das Ereignis ein. Man spricht dann häufig von Zufällen und Wundern, korrekterweise sollte man es allerdings Magie nennen.

2. Kapitel

Allgemein gültige und persönliche Symbole

»Das Symbol [ist] ein sichtbares Zeichen einer auch unsichtbaren ideellen Wirklichkeit. Beim Symbol sind also immer zwei Ebenen zu beachten: In etwas Äußerem kann sich etwas Inneres offenbaren, in etwas Sichtbarem etwas Unsichtbares, in etwas Körperlichem etwas Geistiges, in einem Besonderen das Allgemeine.«

Verena Kast

Wir haben in unserer abendländischen Kultur eine ausgesprochen konsistente Beschreibung der magischen Kräfte, die losgelöst von Religion und Glaubensrichtung seit vielen Jahrhunderten Gültigkeit hat. Das liegt daran, dass der Mensch schon immer mit Begeisterung und Staunen den nächtlichen Himmel beobachtet hat. Dabei ist ihm aufgefallen, dass bestimmte Lichter am Firmament sich anders verhalten als die große Masse der funkelnden Sterne – allen voran der Mond, der sich so wundersam verwandelt. Er beginnt als schmale Sichel, Nacht für Nacht wird er runder, und schließlich erhellt er als vollkommenes Rund die Dunkelheit mit seinem silbrigen Licht. Dann wird er wieder dünner, schwindet und bleibt für einige Zeit völlig unsichtbar. Außerdem tanzen da noch ein paar andere Lichtpünktchen herum, die entweder täglich oder wöchentlich, manche auch erst nach Monaten oder Jahren ihre Position verändern. Wanderer hat man sie genannt, Planeten: Merkur, der Schnelle, der immer nahe der Sonne tanzt, Venus, die Liebliche, die in der Morgen- und/oder der Abenddämmerung erscheint, Mars, der rote starke Kämpfer, Jupiter, der behäbig Strahlende, der hellste unter allen Planeten, und schließlich Saturn, dessen Position so erstaunlich konsequent mit den wichtigsten Ereignissen des Lebens korrespondiert. Er ist der letzte mit bloßem Auge sichtbare Planet, der Hüter der Schwelle, hinter der die unsichtbaren Wanderer ihre Bahnen ziehen. Dann gibt es da noch Uranus, den Spontanen, Neptun, den Verschwimmenden und schließlich Pluto, den Untergründigen. Die Planeten werden uns später im Buch noch ausführlich beschäftigen.

Doch sie alle verschwinden, wenn die Sonne aufgeht. Dieses den Himmel überstrahlende Gestirn, das Licht des Lebens, wird selbstverständlich auch als Symbol für eine magische Kraft gesehen.

Vier weitere hochwirksame magische Kräfte sind die vier Elemente Luft, Feuer, Wasser und Erde, denn sie wirken menschheits- und zeitenübergreifend. Sie sind so substanziell, dass sie in allen magischen und religiösen Weltbildern vorhanden sind und beständig eingesetzt werden. Auch Sie werden noch umfassend vorgestellt und erläutert.

Astrologie und Magie

Astrologie, Sternenkunde, wird das Wissen um die himmlischen Konstellationen genannt, und mit ihr bestimmte man einst die eigene Stellung in Raum und Zeit. Das ist überaus praktisch gedacht, wenn man in einer Kultur lebt, die weder Uhren noch Kalender, weder Landkarten noch Satellitenpeilung kennt. Die Sonne bestimmt die Tages- und die Jahreszeit, der Mond die Monate, der Nordstern den Norden. Damit hat man die erste Orientierung. Aber die Rhythmen der Wanderer, die man beobachtet hat, stimmen auch noch mit anderen Erfahrungen im menschlichen Leben überein. Wie genau diese Ableitungen erfolgt sind, können wir kaum noch nachvollziehen. Unsere Vorfahren hatten ein wesentlich ausgeprägteres Talent zur analogen Schlussfolgerung, als es uns heute eigen ist. Wie haben uns angewöhnt, nur noch die logischen Ableitungen gelten zu lassen und nicht mehr die Ent-

sprechungen, die sinnlichen oder gefühlsmäßigen Übereinstimmungen zwischen den Dingen zu beachten. Doch das war in den vielen Jahrtausenden zuvor die Form, wie man Erkenntnisse über die Welt und das eigene Sein suchte und fand. Die Ergebnisse, zu denen die Denker und Sucher dabei gelangten, sind auch heute noch immer verblüffend richtig.

Die Astrologie kennen die meisten Menschen heute zwar noch, aber meist ist die Beschäftigung damit begrenzt auf das Lesen von Zeitungshoroskopen. Neugierigere lassen sich schon mal ein Geburtshoroskop stellen und deuten, um damit einen ersten Schritt zur Selbsterkenntnis zu machen – oder um endlich die Schuldigen für die dauernden Missgeschicke zu finden.

Die magischen Planetenkräfte

Ich möchte Sie einladen, die Astrologie für ein ganz anderes Gebiet zu nutzen. Die sieben Planeten stehen nämlich auch als Symbole für starke magische Kräfte. Sie haben den Vorteil, dass sie uns allgegenwärtig und vertraut sind. Wir kennen alle ihre Namen und zumindest oberflächlich ihre Wirkung. Das kann man von Voodoogöttern, indianischen Krafttieren oder den Asen und Vanen nicht unbedingt behaupten, wenngleich diese in ihrem Weltbild die gleiche Funktion erfüllen und von den darin Eingeweihten ebenso wirkungsvoll eingesetzt werden können.

Orientieren wir uns an den Wirkungsweisen und Einflussbereichen der Planeten. Aus ihnen können Sie schließen, welche Ritualthemen sie prägen. Aber auch dingliche Entsprechungen kann man daraus ableiten, Hilfsmittel, die die magische Arbeit unterstützen, die die passende Stimmung erzeugen oder, wenn Sie wollen, die passenden Schwingungen ausstrahlen, um mit diesen Kräften in Resonanz zu kommen. Eine ausführliche Beschreibung der einzelnen Herrschaften finden Sie in den nachfolgenden Kapiteln, wenn es um die Gäste geht, die Sie zu Ihrem Ritual einladen.

Die vier Elemente und die Magie

Die vier Elemente sind uns aus der antiken griechischen Philosophie überliefert, wenn auch anzunehmen ist, dass bereits die Kulturen, die uns keine schriftlichen Zeugnisse hinterließen, schon durch sie die Welt erklärten. Erde, Wasser, Luft und Feuer sind elementare Kräfte, deren Wirken ganz praktisch das Leben bestimmt. Sind sie im Ungleichgewicht, kommt es zu Katastrophen – es treten Stürme, Erdbeben, Dürre, Überschwemmungen, Vulkanausbrüche, Waldbrände und anderes Schreckliches mehr auf. In ihrem harmonischen Zusammenspiel aber machen die vier Elemente das Leben erst möglich. Ist es Zufall, dass sie auf unserem Planeten in einem derart delikaten Gleichgewicht existieren und so die Grundlage der Entwicklung des Menschen bildeten?

Die Vierteilung der Welt finden Sie, wo immer Sie hinschauen. Wir orientieren uns nach den vier Himmelsrichtungen, wir haben das Jahr in vier Jahreszeiten eingeteilt, den Tag in Morgen, Mittag, Abend und Nacht,

der Mond durchläuft vier Phasen im Monat, der Mensch bildet eine Einheit aus Körper, Seele, Geist und Gefühl, er handelt, denkt, glaubt und fühlt. Über die Analogien der vier Elemente kann man mindestens ein ganzes Buch schreiben.

Auch zu den Elementkräften finden Sie eine ausführliche Beschreibung, damit Sie die rechten Symbole und Anrufungen in Ihren Ritualen wählen können.

Persönliche Symbole

Um etwas durch ein Ritual zu verändern, brauchen Sie die magische Kraft, dargestellt durch ihre Symbole und Namen. Aber es gehören zwei dazu, um etwas zu bewirken. Die magische Kraft allein ist wie fließendes Wasser, erst ein Gefäß fängt sie auf und macht sie nutzbar. Das Gefäß sind Sie. Oder das, was Sie sich wünschen. Dazu benötigen Sie Ihre persönlichen Symbole. In der niederen Magie oder Sympathiemagie wird dafür meist ein Gegenstand genommen, der als Beispiel für das dient, was man zu erlangen gedenkt. Wünschen Sie sich Geld, ist es eine Münze, wünschen Sie sich ein Auto, ist es ein Foto des Gefährts, wünschen Sie sich einen bestimmten Mann, dann ist es vielleicht ein Haar von ihm oder seine Krawatte. Auch Amulette und Talismane – also geweihte Gegenstände – können zu Symbolen der Kräfte werden, die für Sie etwas bewirken sollen.

Persönliche Symbole besitzen Sie jetzt schon in ausreichendem Maße – werfen Sie nur einmal einen kritischen Blick in Ihre

Brieftasche oder das Erinnerungskästchen tief unten in der Schublade. Dort werden Sie sehen, wie viele persönliche Erinnerungssymbole Sie angesammelt haben. Haben Sie je daran gedacht, diese vertrocknete Blüte wegzuwerfen, die Sie an Ihre erste Liebe erinnert? Oder die Kinokarte, das Kinderschühchen, den Sektkorken, das Programmheft …? Für einen Fremden haben diese Dinge keine Bedeutung, für Sie hingegen einen tiefen, vielschichtigen, mit starken Gefühlen verbundenen Sinn – und damit könnten Sie handfeste Magie betreiben.

Sie selbst wirken Magie

Die hohe Magie ist zugegebenermaßen etwas komplexer, denn hier geht es um Selbsterkenntnis, Trennung und Neubeginn oder Initiation. Das bedeutet, dass es hier nicht mehr um die Befriedigung alltäglicher Bedürfnisse geht, sondern um Ihre ganze Person. Darum werden Sie, wenn Sie diese Magie betreiben wollen, intensiver darüber nachdenken müssen, in welche Richtung Sie sich oder Ihr Umfeld verwandeln wollen. Bedenken Sie – für ein Hochzeitsfest brauchen Sie ja auch nicht nur den Ring, um den Partner an sich zu fesseln. Die persönlichen Symbole, die sie hier einsetzen, werden Sie sorgsam für sich entwickeln müssen. Manche werden sich in Träumen offenbaren, manche kommen durch Zufälle zu Ihnen oder erst in den Ritualen selbst. In diesem Buch werden Sie Vorschläge finden, die Sie anregen sollen, über Ihre eigene Symbolik nachzudenken. Was Sie aber dann wirklich einsetzen, wird sich Ihnen persönlich offenbaren.

3. Kapitel
Rituelles Handwerkszeug

»Rituale werden oft als ›dramaturgisch umgesetzte Mythen‹ bezeichnet, und dies trifft auf einen großen Teil der traditionellen magischen Zeremonien sicher zu …«

Frater V∴D∴

Wenn Sie sich einmal das Vergnügen machen, die Ritualbeschreibungen der magischen Logen durchzulesen, dann werden Sie wahrscheinlich sofort Abstand davon nehmen, je ein magisches Ritual durchzuführen. Nicht nur, dass geweihte Tempel, exzentrische Gewandungen, gewaltige magische Waffen, farbige Beleuchtung und Wolken von Weihrauch dabei Einsatz finden, auch seitenlange Hymnen, Gesänge und Anrufungen machen eine solche Veranstaltung zu einer wahren Opernaufführung. Kein Zweifel, die Materialschlacht wirkt tiefgreifend auf die Beteiligten. Schon deshalb, weil sie tagelang Zeit und meist auch viel Geld für die Vorbereitungen geopfert haben. Doch die zeremonielle Kulthandlung allein ist nur Transportmittel für den Inhalt. Sie können es sich etwas einfacher machen und dennoch Magie wirken, wenn Sie sich mit Verständnis, nicht mit Material, dem Ritual annähern.

Betrachten Sie es einmal so: Ein Ritual ist eine sorgsam gestaltete Feier, zu der Sie die magische Kraft einladen, die Sie beim Gelingen unterstützen soll. Das ist nichts anderes, als wenn Sie ein Fest mit Freunden feiern, sich selbst zu Ehren und zu Ehren der Gäste. Also machen Sie sich Gedanken darüber, wie Sie die Einladung gestalten, eine möglichst ansprechende Atmosphäre herstellen und den Ablauf bestimmen.

Anlass und Zweck des Rituals

Es mag ja trivial klingen, aber wenn Sie Gäste zu einer Feier einladen, haben Sie einen Grund dazu. Man kann zwar wunderbar Spontanfeten feiern, aber deren Ablauf und Ausgang sind gewöhnlich unberechenbar.

Spontanrituale, bei denen die magischen Kräfte einfach nur so angerufen werden, zeitigen ebenso unberechenbare Folgen – manchmal sogar recht chaotische. Fangen wir also mit dem für Sie wichtigen Anlass an.

Wenn Sie Magie ausüben wollen, müssen Sie sich im Klaren darüber sein, was Sie damit bezwecken wollen. Ob es sich um Wunscherfüllung, Wandlung, Erinnerung, Verbindung mit dem Göttlichen, Dank oder Meditation über die Mysterien handelt, bestimmt das »Drehbuch«.

Zwecklose Rituale gibt es nicht. Aus dem Zweck ergibt sich nämlich, welche Wesenheiten Sie zu Hilfe rufen, wann und wie diese am besten anzusprechen sind, wo das Ritual stattfinden soll, welche Hilfsmittel und Symbole Sie für die Durchführung benötigen und welche symbolischen Handlungen in dem Ritual vorgenommen werden sollen. Erst wenn das alles geklärt ist, können Sie mit den Vorbereitungen beginnen. Und die ähneln eben sehr einer festlichen Einladung.

Raumreinigung

Stellen Sie sich vor, Sie laden in Ihre Wohnung ein. Natürlich werden Sie nicht das Kinderspielzeug herumliegen lassen und die schmutzigen Gartenstiefel wegräumen, das Geschirr abwaschen und mit dem Staubsauger durch die Räume gehen. Der Ort oder der Raum, in den Sie die Kräfte der Magie einladen, wird ebenfalls vorher gereinigt. Zunächst einmal ganz materiell durch Aufräumen, denn Sie selbst wollen ja nicht durch äußere Unordnung abgelenkt werden. Andererseits mag sich in dem alltäglichen Gewusel auch etliches befinden, das unerwünschte magische Besucher anzieht. Also: Ordnung muss sein.

Räuchern und Kehren

Die Atmosphäre eines Raumes ist durchsetzt mit angenehmen und unangenehmen, passenden oder unpassenden Schwingungen. Mal hängen noch die letzten Worte einer heftigen Auseinandersetzung in der Luft, mal die deprimierte Stimmung eines Besuchers, mal lenkt die übermütige Albernheit der Kinder von der ernsthaften Konzentration ab oder das schmerzliche Sehnen eines Verliebten. Auch die atmosphärische Unordnung, die heftige Gefühle hinterlassen haben, muss aufgeräumt, also gereinigt werden. Das ist ein mentaler Akt und verlangt von Ihnen eine symbolische Säuberung. Die magischen und/oder religiösen Traditionen, auf deren Erfahrung man hier zurückgreifen kann, haben die Räucherung an dieser Stelle vorgesehen. Das ist bewährt und sinnvoll, denn ein angenehmer Duft erzeugt angenehme Schwingungen und ein angenehmes Gefühl. Es muss auch nicht unbedingt Räucherwerk sein, das verwendet wird, auch Duftöle, die Ihnen den Eindruck von Reinheit vermitteln, oder frische Blumen und Kräuter können zur Raumreinigung eingesetzt werden. Wichtig ist das absichtsvolle Umgehen mit den Duftstoffen. Wenn Sie räuchern, dann nehmen Sie getrocknete Salbeiblätter oder Lavendel. Fächeln Sie den Rauch in alle Ecken des Raumes, und tun Sie das mit der Absicht, störende Energien auszuräuchern. Desgleichen können Sie mit einem kleinen Kräuterbesen die Ecken symbolisch ausfegen oder mit einer geweihten Kerze ausleuchten. Auch wenn Sie das für überflüssig und albern halten – machen Sie es trotzdem.

Persönliche Reinigung

Kaum eine Frau wird mit strähnigen Haaren und einem Schmierfleck auf der Nase wirklich selbstbewusst die Tür öffnen, wenn die eingeladenen Gäste kommen. Man reinigt sich zuvor. Ob im opulenten Schaumbad oder unter der Dusche, das hängt von Umständen und Gewohnheit ab. Vor dem Ritual steht ebenfalls die persönliche Reinigung. Auf der materiellen Ebene ist das eine ganz bewusst durchgeführte Säuberung. Auch hier kann es Schaumbad oder Dusche sein, muss es aber nicht. Denn auf der mentalen Ebene wird symbolisch gereinigt.

Wasser wäscht alles Unreine ab

Man kann hier auf die Traditionen zurückgreifen und sehen, wie rituelle Waschungen vollzogen werden. Man wäscht sich die Hände in Unschuld, nimmt ein Bad im Ganges oder bekommt ein paar Tropfen Weihwasser auf die Stirn geträufelt. Wenn Sie also die Hände bewusst in etwas Quellwasser waschen oder sich beim Duschen vorstellen, dass mit jedem Wassertropfen auch ein wenig Energieschmutz in den Ausguss rinnt, dann machen Sie es schon richtig. Wichtig ist bei der symbolischen Reinigung, dass Sie die alltäglichen Sorgen, den Unmut, den Kleinkram, die Energielästlinge und die unguten Schwingungen abwaschen. Ob Sie das durch Händewaschen oder durch Fasten und einen Saunagang tun, hängt davon ab, wie stark Sie sich verunreinigt fühlen. Auch wenn Sie an die Notwendigkeit nicht glauben – tun Sie es trotzdem. Sich selbst zuliebe.

Der Altar

Mittelpunkte großer Festlichkeiten sind fast immer geschmückte Tische. Ob Bankett oder Grillfeier, Umtrunk oder kaltes Büffet, Cocktailparty oder Kindergeburtstag – am Tisch wird die Hochzeitstorte angeschnitten, werden die Sektkelche gefüllt, Geschenke abgelegt und Ehrenplätze mit Blumen umkränzt. Im magischen Ritual decken Sie für Ihre Gäste einen Tisch – den Altar. Und zwar passend zum Anlass. Der Vorgang ist gar nicht so verschieden vom festlichen Gestalten eines Esstisches. Blumen, Kerzen, Kelche, Schalen, Schmuck gehören dazu, doch sie werden im Ritual entsprechend den gerufenen Kräften gewählt. Die Vorlieben der Gäste bestimmen die Farben, Düfte, Beleuchtung und Accessoires. Grundsätzlich sollten Sie dafür Sorge tragen, dass Sie für Ihre magischen Rituale ein ungestörtes Eckchen finden, in dem Sie einen kleinen Tisch oder eine umgedrehte Kiste aufstellen können. Decken Sie ein weißes Tuch darüber. Wann immer Sie einen magischen Akt durchführen, legen Sie auf Ihrem Tisch die entsprechenden Symbole nieder, stellen Kerzen und Räucherschale darauf, schmücken ihn mit Tüchern, Bändern, Blumen in der entsprechenden Farbe und legen die möglicherweise notwendige Ritualspeise darauf zurecht.

Es bleibt Ihnen überlassen, ob Sie einen festen Altar in einem Ihrer Zimmer installieren wollen oder ob Sie nur zu den entsprechenden Gelegenheiten einen solchen aufbauen möchten. Wenn Sie sich regelmäßig in magischen Praktiken üben, ist das Erstere sicher sinnvoll. Sind Sie jedoch nur an einzelnen Ritualen interessiert oder lieben Sie es besonders, Ihren Zauber in der freien Natur zu wirken, dann ist ein mobiler Altar natürlich viel praktischer.

Erdung und Besinnung

Sie haben Ihr Fest vorbereitet, der Tisch ist gedeckt, die Flaschen stehen im Kühlschrank, die Fingernägel sind lackiert, alles ist bereit. Noch eine Viertelstunde, bis die ersten Gäste eintreffen. Sie schnaufen tief durch und setzen sich mit glasigem Blick in die Ecke, um sich innerlich zu beruhigen und auf das Kommende einzustimmen. Das ist sehr förderlich für das Gelingen der Veranstaltung, denn wer noch in Schürze oder zipfeligem Hemd hektisch durch die Wohnung hastet, wenn die Besucher kommen, bereitet ihnen keinen achtungsvollen Empfang. Und sich selbst nimmt man damit auch die Möglichkeit, die herzlichen Glückwünsche und Blumensträuße mit der gebührenden Freude entgegenzunehmen.

Das rituelle Fest nennt das vorherige Verschnaufen und Besinnen Erdung – ruhig werden, sich mit den geduldigen, festigenden, kraftvollen Energien der Erde verbinden, sein eigenes Zentrum finden, im inneren Gleichgewicht stehen. Dies tut man beispielsweise, indem man seinen Körper in eine stabile Position bringt, also einen festen Stand sucht, und sich geistig mit dem Boden, auf dem man steht, verbindet. Das kann man mit der Vorstellung tun, dass man »Wurzeln schlägt« und dass Friede und Sicherheit von unten,

von der Erde aus nach oben aufsteigen und Körper und Geist mit Ruhe füllen. Wenn man einige Momente dieses Gefühls genossen hat, löst man sich wieder – zieht sozusagen die Wurzeln zurück – und kann mit dem eigentlichen Ritual beginnen. Es gibt auch noch weitere Möglichkeiten, sich zu erden. Sie werden in den nachfolgenden Ritualen darüber einiges mehr finden.

Abgrenzung

Sie warten nun auf das Eintreffen Ihrer Gäste, als das Telefon klingelt. Jemand macht eine Umfrage über die Schlafgewohnheiten von Katzenbesitzern. Dem netten Frager geben Sie noch eine kurz angebundene Auskunft. Der nächste Anrufer, der Ihnen ein besonderes Schnäppchen aus dem Orientteppichräumungsverkauf anbietet, erlebt Sie leicht ungehalten. Es klingelt an der Tür, und mit freudigem Lächeln öffnen Sie dem ersten Besucher. Die gepflegte Dame mit dem Bibeltraktätchen in der Hand, die unvermittelt vor Ihnen steht, erlebt, wie Ihre Gesichtszüge von Strahlen zu Grimm übergehen.

Der schützende Kreis
Störungen muss man bei Festen und bei Ritualen gleichermaßen vermeiden. Also stellen Sie den Anrufbeantworter an und das Handy aus. Und an die Tür stellen Sie den Butler, der ungebetene Gäste abfertigt. Oder Sie hängen einen Zettel an die Tür mit der Aufschrift »Bitte nicht stören! Eintritt nur für geladene Gäste!«

Sie schützen sich auf der materiellen Ebene. Um ungebetene Geister und Ablenkungen auszugrenzen, ziehen Sie im Ritual einen symbolischen Kreis, sofern Sie sich nicht sowieso an eine heilige Stätte begeben haben, die von sich aus geschützt ist. Kirchen, Tempel, heilige Haine und ähnliche Orte benötigen nicht unbedingt eine solche Abgrenzung.

Eine der einfachsten Formen des magischen Kreises erreichen Sie, indem Sie die Wächter der vier Himmelsrichtungen bitten, Sie und Ihre Gäste vor Eindringlingen zu schützen und zu bewahren. Diese vier Kräfte sind wahrhaft uralt und zeigen sich in allen möglichen Formen. Wenn Sie wollen, sind es die vier Erzengel Raphael, Gabriel, Michael und Uriel. Oder die Elemente Luft, Feuer, Wasser und Erde. Oder die Elementargeister Sylphen, Salamander, Undinen und Gnome. Oder einfach die Farben Gelb, Rot, Blau und Grün. In diesen Farben können Sie auch Kerzen in den entsprechenden Richtungen aufstellen, um den Kreis auch in dieser Welt sichtbar zu machen.

Es hat sich eingebürgert, den Kreis im Osten zu beginnen und sich dann im Uhrzeigersinn über Süden nach Westen, Norden und zurück nach Osten zu drehen. Im Lauf der Sonne nämlich, die im Osten aufgeht, mittags im Süden steht, im Westen untergeht und im Norden schläft. Es ist eine natürliche Bewegung, die mit der Schwingung der Natur übereinstimmt. Deshalb wirkt sie seit Menschengedenken. Auch wenn Sie es nicht glauben. Sie werden sehr rasch spüren, wie gut und notwendig es ist, sich gegen ungebetene Kräfte abzugrenzen.

Anrufung

»Kommt doch rein, die Tür ist offen!« Das ist eine Form der Einladung, die ganz spontan und großzügig ist. Na, Sie werden schon sehen, wer dann alles hereinspaziert! Wenn Sie nicht gerade den Tag der offenen Tür in Ihrem neuen Fitnessstudio begehen, werden Ihre Einladungen sicher etwas anders aussehen. Ganz formell als Einladungsbrief mit dem kleinen »u.A.w.g« in der Ecke und dem Hinweis auf festliche Kleidung oder als fröhlicher persönlicher Telefonanruf: »Minka, am Samstag habe ich Geburtstag, komm doch zum Frühstück vorbei!«

Die Gäste hereinbitten

Eine Anrufung im Ritual ist die Einladung an eine magische Kraft, eine Gottheit, ein Geistwesen. Sie sollte mit Achtung erfolgen. Sie muss deshalb nicht lang und ausgefeilt sein. Auch »Maria, hilf!« ist eine wirkungsvolle Anrufung, wenn sie von Herzen kommt und schnelle Hilfe notwendig ist. Aber ein wirklich schönes Ritual, eine wichtige und würdevolle Feier verlangt nach einer formelleren Einladung. Stellen Sie sich vor, Sie möchten, dass eine viel begehrte Berühmtheit Ihre Feier besucht. Dazu müssen Sie den Ehrengast in einer Form ansprechen, die ihn dazu bringt, seine anderen wichtigen Verpflichtungen abzusagen und Zeit für Sie aufzubringen. Möglicherweise müssen Sie ihm sogar schmeicheln, ihn mit all seinen Titeln anreden und seine Leistungen rühmen. Auf jeden Fall aber sollten Sie ihn achtungsvoll ansprechen. Die Götter z.B. lieben Hymnen.

Sie möchten gepriesen und besungen werden. Und Sie selbst werden merken, dass, wenn Sie das tun, auch Ihre eigene Würde wächst. Hymnen und Litaneien gibt es genug in der Literatur. Viel besser ist es, wenn Sie selbst eine Anrufung verfassen. Es muss keine poetisch perfekte Dichtkunst sein. Name, Titel und die verschiedenen Eigenschaften des gerufenen Gastes in mehreren Wiederholungen sind schon ausreichend.

Visualisierung

Ihre Gäste haben die Einladung angenommen und sich um den schön gedeckten Tisch versammelt. Die erste Rede ist fällig. Der Anlass der Feier wird erwähnt, die Laudatio gehalten, das freudige Ereignis verkündet oder mit einem Glas Sekt das neue Auto getauft. Manchmal werden auch Geschenke mit launigen Worten übergeben.

Im Gespräch mit den Gästen

Sie haben sich gereinigt, geerdet, den Kreis gezogen und die Anrufung ausgesprochen. Soweit kann ich Ihnen hier helfen. Der Inhalt des Rituals, das ist das, was Sie bestimmt haben. Ob Sie gedenken wollen oder sich etwas wünschen, sich von etwas lösen oder etwas neu beginnen wollen, das haben Sie vorher festgelegt, darauf haben Sie hingearbeitet. Die magische Arbeit ist nun die, mit Hilfe Ihrer Gäste – der magischen Kräfte, der Götter oder geistigen Wesenheiten – die Wandlung durchzuführen. Dazu setzen Sie die Symbolsprache ein. Materielle Symbole können geweiht oder geopfert werden, vor ihnen kann gebetet oder geweint werden. Auf der geistigen Ebene aber findet auch eine Veranstaltung statt, und die sieht man mit dem inneren Auge. Man stellt sich etwas vor. Die Veränderung, die man bewirken will, wie ein Wunsch in Erfüllung geht, wie sich etwas Lästiges in Rauch auflöst, wie einem ein Stein vom Herzen fällt, wie eine Wunde heilt und die inneren Heilkräfte erstarken – das wird visualisiert.

Visualisieren, sich etwas vorstellen, das kann jeder Mensch. Nur tun wir das fast immer unkontrolliert. Magie verlangt aber den willentlichen und wissentlichen Einsatz der Vorstellungskraft. Und dazu benötigt man Disziplin und Konzentration. Denn sowie man sich ablenken lässt, entweicht die Kraft, verzettelt sich, zerfasert im Raum, wird wirkungslos. Alles, was ich bisher beschrieben habe, dient dieser Konzentration:

Vorbereitung auf den magischen Akt

Die Reinigung
das Ablegen der alltäglichen Sorgen und Ablenkungen

Die Erdung
das Ruhigwerden und In-sich-selbst-zentriert-Sein

Der Schutzkreis
die Vermeidung von Störungen von außen

Die Anrufung
das Bewusstwerden der geistigen Helfer

Die Visualisierung
die Bündelung der magischen Kraft und das Zusammenführen mit Ihrem Ziel

Imaginieren

Imaginieren ist Einbildung, das Hinein-Bilden eines Symbols, einer neuen Sicht der Wirklichkeit in das Bewusstsein. Hier haben wir den eigentlichen Wandlungsprozess im Ritual. Einbilden tun wir uns leider beständig irgendetwas, allerdings weder wissentlich noch willentlich. Beispielsweise bilden wir uns gern ein, dass eine Sache bestimmt schiefgehen wird, dass wir etwas partout nicht schaffen werden, dass wir von so was gewiss krank werden und so weiter und so fort.

Magisches Einbilden verläuft anders, es bildet mit Bewusstsein ins Unbewusste. Und das passiert, indem man die visualisierte, konzentrierte magische Kraft, die Kraft der Götter oder des Universums, entweder in ein materielles Symbol fließen lässt oder in sich selbst.

Das materielle Symbol kann anschließend zu einem geweihten Amulett werden – ein Zauberbeutel, eine magische Waffe, ein Sigill, ein aufgeladener Kristall, geweihtes Wasser, ein Mandala oder vieles andere mehr. Es kann auch sein, dass Sie kein materielles Symbol verwenden, sondern eine symbolische Handlung durchführen – sie können tanzen, sich verkleiden, absichtsvoll Nahrung zu sich nehmen (Eucharistie), in die Zukunft schauen oder geistiges Heilen ausüben. Sie haben die Energie bei sich und können sie somit gezielt einsetzen. Was Sie damit tun, liegt ganz allein in Ihrer Verantwortung, denn Sie können auch Schaden damit anrichten. Sie müssen es aber nicht. Denn warum sollten Sie Ihre eigenen Schwierigkeiten auch noch verdreifachen?

Verabschiedung und Beendigung

Irgendwann ist Schluss mit lustig, das Fest ist vorüber. So wenig, wie Sie möchten, dass sich ein betrunkener Gast in Ihr Bett kuschelt oder dass Sie eine übernächtigte Gestalt am Frühstückstisch überrascht, so wenig sollten Sie gerufene Geister bei sich beherbergen, wenn das Ritual beendet ist. Sie können nämlich lästig und sehr störend wirken. Verabschieden Sie also die gerufenen, eingeladenen Besucher mit gebührender Achtung. Man bedankt sich dabei für das Kommen, für die Unterstützung und Hilfe mit einigen eigenen Worten. Nach einer Feier geht das normale Leben weiter. Also sollten Sie das Telefon wieder einschalten und das »Bitte nicht stören«-Schild von der Tür nehmen, sonst sind Sie ja nicht mehr erreichbar.

Aufhebung des Kreises

Für das rituelle Fest bedeutet das, dass Sie den magischen Schutzkreis wieder aufheben müssen. Das tun Sie, indem Sie sich in gleicher Richtung von Osten beginnend um sich drehen und dabei laut sagen oder stumm, aber konzentriert denken: »Der Kreis ist aufgehoben!« Löschen Sie dabei die Kerzen, und räumen Sie fort, was immer Sie zur materiellen Bildung des Kreises verwendet haben.

Räumen Sie auch alle sonstigen Dinge fort, die Verwendung gefunden haben, bis auf das Räucherwerk. Mit ihm können Sie noch einmal durch den Raum gehen und alle negativen Energien verscheuchen, die sich eventuell eingenistet haben.

Abschließende Erdung

Wenn Sie sich nach dem Ritual noch immer ein wenig aufgedreht fühlen und den Eindruck haben, mit Energie geladen zu sein, kann es sich als sehr nützlich erweisen, sich noch einmal zu erden. Das geschieht auf die gleiche Weise wie zuvor beschrieben, nur diesmal stellen Sie sich vor, wie die überschüssige Energie durch die Verwurzelung der Erde zurückgegeben wird. Fühlen Sie sich indessen völlig aufgedreht, ist die ganz handgreifliche Beschäftigung mit der Erde sinnvoll – Gartenarbeit, Blumen umtopfen oder ein langer Spaziergang können helfen.

Das Ritual überdenken

Für Sie selbst gilt, dass Sie sich nicht allzu lange Zeit nach dem Ritual noch einmal vor Augen führen, was Sie dabei erfahren haben, was gut gelungen war, was danebenging, was sich schon geändert hat und vor allem, was Sie danach geträumt haben. Ganz wichtig aber ist, dass Sie anschließend empfänglich für Zufälle sind, denn der Zufall ist es, mit dem die magischen Kräfte die Wünsche in Erfüllung gehen lassen.

Oder wie Vicky Gabriel es so anschaulich formuliert hat: »Ein Ritual ist nur Ihr Handwerkszeug, mehr nicht. Wenn Sie seine Anweisungen zwar genau ausführen, dabei aber innerlich einen deutlichen Abstand zu der ganzen Sache haben, weil sich das alles so albern anfühlt, werden Sie etwa ebenso erfolgreich sein, wie wenn Sie Hammer, Säge, Nägel und Holz auf den Boden legen und nun erwarten, dass sich Ihr Schrank von selbst baut.«

4. Kapitel
Formen des Rituals

»In jedem Künstler schlummert ein Magier.
In jedem Magier schlummert ein Künstler.«

Katja Wolf

Kommen wir jetzt zu dem, wie man mit sich und den magischen Kräften umgeht. Vergleichen wir es noch einmal mit einem Fest. Auch hier geben Sie vor, wie gefeiert werden soll. Ein Kindergeburtstag wird ganz anders ablaufen als eine Gedenkfeier, eine Salsafete anders als ein Seniorenkaffee. Anlass und Gestaltung müssen zusammenpassen, und das ist für das Gelingen eines magischen Rituals ebenfalls wichtig. Sowohl ein gelungenes Fest wie auch ein wirkungsvolles Ritual verlangen Phantasie und Kreativität, Einfühlsamkeit und eine ästhetische Gestaltung. Beide Veranstaltungen sind in gewisser Weise Kunstwerke. Es haben sich verschiedene Formen herausgebildet, die, wenn auch in kulturell unterschiedlichen Abwandlungen, immer wieder vollzogen werden.

Gedenkrituale

Rituale werden gefeiert, um zu gedenken. Gedenken bedeutet, Verbindung aufzunehmen mit einer sakralen Welt oder mit der Vergangenheit. Das können die Götter, die Ahnen und Verstorbenen sein, das können aber auch wesentliche Begebenheiten im eigenen Leben sein. Und natürlich sind die wiederkehrenden Feste in der von Ihnen gelebten Tradition derartige Gedenkrituale.

Den Anlass feiern

Diese Rituale führen zur Rückbesinnung, zum Einstimmen auf den ewigen Kreislauf von Werden und Vergehen. Sie werden häufig zu bestimmten Zeitpunkten oder festen Terminen gefeiert und bilden Fixpunkte im Leben. Ihre Magie liegt in der Erfahrung, die man in der Rückbindung an Vergangenheit und Tradition macht. Dabei werden in den meisten Fällen symbolische Handlungen in gleicher Form wiederholt, es gibt festgelegte Anrufungen und spezielle, immer wieder verwendete Hilfsmittel. Solange man diese »ritualisierten« Feste mit innerer Teilnahme feiert, wirkt ihr Zauber, und die Verbindung wird hergestellt. Das geschieht nicht, wenn man sie einfach sinnentleert wiederholt. Typische Fälle von Gedenkritualen im christlichen

Weltbild sind Weihnachten, Ostern und Pfingsten. Es können Feste von hoher Magie sein, wenn man das Wunder der Menschwerdung Gottes wahrhaft darin sieht. Wenn nicht, sind es einfach freie Tage im Arbeitsleben oder schlichter Konsumstress. Samhain und Beltane sind für andere Menschen wichtige Zeitpunkte, um Rituale äußerst magischer Natur abzuhalten, andere nehmen Halloween und den 1. Mai nur zum Anlass, ausgelassene Feten zu feiern. Geburtstage, Hochzeitstage, Jubiläen oder auch Todestage sind persönliche Gedenktage, auf die jeder so viel Wert legt, wie er möchte.

Weiheritual und Segen

Es gibt Gegenstände oder Orte, die uns heilig sind. Ganz nüchtern betrachtet unterscheiden sie sich durch nichts von »unheiligen« Gegenständen oder Orten. Weder erstrahlen sie in überirdischem Glanz noch fährt ein strafender Blitzschlag auf uns nieder, wenn wir sie berühren oder betreten. Darum konnten die Missionare auch ungestraft die heidnischen Heiligtümer vernichten und die Heiden die christlichen Kirchen schänden. Oberflächlich gesehen kann man das auch. Was dann aber im Untergrund – im Unbewussten – passiert, nun, das werden sowohl die Missionare als auch die Heiden anschließend zur Genüge erfahren haben.

Magisch aufgeladene Orte und Dinge

Auch Ihnen wird es schon das eine oder andere Mal passiert sein, dass Sie einen Raum oder einen Ort in der Natur betreten haben, an dem Sie so etwas wie ein »heiliger Schauder« erfasst hat. Es ist ein Prickeln, ein Anflug von Gänsehaut, ein leichtes Kribbeln in den Fingerspitzen, das sich ausbreitet. Ebenso kann ein solches Gefühl plötzlich beim Berühren bestimmter Dinge eintreten. Wir sind sensibler, als unser Verstand uns das zugesteht. Diese Sensibilität kann man trainieren, wenn man das will, wenn man bereit ist, sein Bewusstsein etwas zu erweitern und seinen Sinnen zu trauen, ohne alles immer infrage zu stellen. Natürlich darf man auch das nicht übertreiben und nur noch als Sensibelchen durch die Welt taumeln, das beständig von positiven und negativen Schwingungen umhergeschubst wird. Es ist schon ganz in Ordnung, dass wir eine Barriere dagegen aufbauen, sonst würden wir Psychosen entwickeln und zu einem tätigen Leben nicht mehr fähig sein.

Konzentrierte magische Kräfte

Es gibt heilige Orte und heilige Gegenstände, und das bedeutet, dass in ihnen die magischen Kräfte konzentriert vorhanden sind. Zum einen sind sie von Natur aus vorhanden, zum anderen kann man diese Kräfte bewusst in Orte und Dinge hineinfließen lassen. Man nennt diesen Vorgang Weihen oder auch Segnen. Die christliche Kirche hat diese Handlung zum Sakrament erhoben und gestattet nur ganz bestimmten Personen, eine Weihe vorzunehmen. Doch das ist eine rein kirchenrechtliche Regelung. Weihen und segnen darf und kann jeder Mensch. Ein Ritual aber gehört dazu, eine symbolische, sinnvolle

Handlung, bei der die angerufenen Kräfte in beispielsweise einen Edelstein oder ein Sigill geleitet werden, das anschließend seinem Träger als Amulett oder Talisman dient. In ihm sind sozusagen die magischen Kräfte gespeichert, und zwar genau solange man ihrer bedarf. Sie können aber auch die neue Wohnung, in die Sie einziehen, ein Eckchen im Garten, der Ihr Ort der Kraft werden soll, oder das Haus, das eben gebaut wird, weihen und segnen. Ohne großes Ritual dürfen Sie natürlich auch segnen, wenn es notwendig ist. Beispielsweise Ihre beste Freundin, die des Trostes bedarf, Ihr Kind, das das Haus verlässt, Ihren Partner, der Ihnen immer wieder seine Liebe schenkt, ein sterbendes Tier ...

Wallfahrten

Eine Pilgerfahrt ist ein mächtiges und wirksames Ritual, bei dem man geweihte Orte, also die Stellen besucht, wo die Götter wirken oder wo, wenn man es anders ausdrückt, die magischen Kräfte gespeichert sind. Viele Menschen begeben sich heute noch auf eine Wallfahrt und suchen heilige Stätten auf, um sich mit den Kräften dort zu verbinden. Von ihnen erhofft man sich häufig Heilung – zum einen ganz konkret als Genesung von Krankheiten, zum anderen aber auch im Sinne von Ganzwerden, von seelischer Heilung. Da heilige Plätze oftmals wirkliche Kraftorte der Erde sind, passieren dort auch Heilungen. Die magischen Kräfte scheinen sich an solchen Stellen zu konzentrieren, sei es, weil dort in der Erde selbst Kraftströme

zusammenfließen, sei es, weil sich diese Plätze durch jahrhundertelange rituelle Nutzung mit Kraft aufgeladen haben. Eine Reise mit der Absicht zur Wandlung, zum Heilwerden durchzuführen ist etwas ganz anderes, als eine Urlaubsfahrt anzutreten, bei der man Abenteuer oder Entspannung sucht. Wenn auch gewisse Parallelitäten zwischen beiden Reisen bestehen, etwa die Entfernung vom Alltag, die Bereitschaft, sich auf veränderte Lebensbedingungen einzustellen und Kraft zu schöpfen.

Einstimmung auf die Wallfahrt

Zur Wallfahrt gehört die rituelle Vorbereitung, das Einstimmen auf das Ziel, sehr oft auch das Einhalten von Tabus. Das können besondere Ernährungsbedingungen sein oder Bekleidungsvorschriften, es kann die Art der Fortbewegung betreffen oder Formen der Abstinenz. Alles das haben etablierte Religionen vorgegeben und Verstöße dagegen zur Sünde erhoben. Das ist aber nicht eigentlich der Sinn dieser Einschränkungen. Sie dienen, genau wie Reinigung, Erdung und Schutzkreis, der Konzentration des Einzelnen auf das Ziel – sowohl das räumliche als auch das geistige Ziel der Wallfahrt. Wenn Sie ein solches Ritual für sich wählen, bestimmen Sie, welche Einschränkungen Sie sich auferlegen. Sie müssen nicht unmenschlich hart sein. Um sich zehn Kilometer barfuß oder auf Knien über Schotterwege zu schleppen, dazu braucht man schon eine Menge masochistischer Triebe, und es dient nicht unbedingt der seelischen Läuterung, sich selbst Verletzungen zuzufügen. Aber zu leicht sollten Sie es sich auch nicht machen. Für einen solchen Zweck kann man beispielsweise einen knurrenden Magen oder etwas Übermüdung für einen Tag schon mal in Kauf nehmen.

Divinationsrituale

Der Blick in die Zukunft – oder besser gesagt, die Analyse der in der Vergangenheit und der gegenwärtig wirkenden magischen Kräfte und ihre mögliche Entfaltung in der Zukunft – gehört ganz sicher zu den magischsten Praktiken überhaupt. Es gibt eine ganze Reihe von Techniken, mit denen man diese Vorhersagen durchführen kann, und sie alle verlangen eine bestimmte rituelle Atmosphäre, um den entsprechenden Bewusstseinszustand zu erreichen. Der Geist muss offen sein für die Symbole, die sich bei derartigen Fragestellungen offenbaren, gleichzeitig verlangt die Weissagung auch eine Konzentration auf die eigentliche Fragestellung. Das alles kann man mit bestimmten Hilfsmitteln unterstützen, ja, man sollte es sogar zwingend tun, denn der Zustand, in dem man sich dabei befindet, ist labil, und jede Ablenkung kann zu Fehldeutungen führen. Außerdem befindet man sich gewissermaßen zwischen den Zeiten und Welten, was die Wahrnehmung der Realität für eine Weile einschränkt. Das Ritual aber gibt Halt und setzt Grenzen. Innerhalb dieses Raumes können Sie dann Ihre Tarotkarten legen und die zufällig gezogenen Symbole auf sich wirken lassen, um daraus die Antwort auf Ihre Frage abzuleiten. Ähnlich sollte auch die Deutung des

Horoskops erfolgen, das die Symbole der Planetenkräfte und ihre Beziehungen zueinander darstellt und das vor allem intuitiv gedeutet werden muss. Sie können in die Kristallkugel oder den magischen Spiegel blicken, um dort die Bilder aufsteigen zu lassen, die sich auf Ihr Problem beziehen. Sie können aber auch alle anderen Formen des Orakels wählen, beispielsweise Stäbchen des I Ging ziehen oder Runen werfen. Sie können das Pendel in Ihrer Hand befragen, wobei hier die Frage nach der Zukunft eine geringe Rolle spielt, sondern die intuitive Entscheidungsfindung unterstützt wird.

Wunschrituale

Natürlich – Magie soll Wünsche erfüllen. Aber auch hier müssen die Zutaten stimmen, denn wem auch immer Sie Ihren Wunsch übermitteln – dem intelligenten Universum, den magischen Kräften als solchen, den Göttern, den Feen, den Engeln oder Heiligen – das perfekt abgestimmte Ritual wirkt ungemein verstärkend auf Ihre Aktion. Darum werden Sie sich hier ganz besonders mit den Analogien befassen müssen, den Entsprechungen dessen, was Sie sich wünschen. Farben, Düfte, Beleuchtung, Anrufung usw. sollten miteinander in Beziehung stehen, die Handlungen und Anrufungen darauf abgestimmt sein. Der Eintritt in die nichtalltägliche Wirklichkeit, die Herbeirufung der geistigen Helfer, die Darstellung des Wunsches in Form eines Symbols oder einer symbolischen Handlung, das Binden der Kräfte und das

Lösen von dem Wunsch und das anschließende Verabschieden aus der magischen Welt sind die grundlegenden Bestandteile eines Wunschrituals. Doch vor allem dieses Ritual muss sorgfältig geplant sein, denn Wünschen ist nicht ungefährlich. Die magischen Kräfte haben die dumme Angewohnheit, eben jene Wünsche buchstäblich zu erfüllen, und schon so mancher Geldwunsch wurde von der Unfallversicherung erfüllt. Überdenken Sie also immer ganz genau, was Sie wirklich wollen, bevor Sie Ihr Kräuterbeutelchen schnüren, die Sigille entwerfen oder den Zauberspruch zusammenstellen.

Reinigungs-, Schutz- und Bannungsrituale

Im Grunde sind Reinigung, Schutz und Bannung immer Bestandteil eines komplett durchgeführten Rituals. Meist allerdings finden sie nur in verkürzter Form statt, als einfache Gesten oder Anrufungen. Aber es kann Anlässe geben, zu denen beispielsweise eine Reinigung zum Hauptanliegen eines Rituals wird. Ob Sie nun Ihr Haus beim Einzug reinigen, ein Zimmer, in dem ein übler Streit stattgefunden hat, sich selbst nach einem erschütternden Erlebnis oder Ihren Kristall,

der Ihnen bei der Heilung von einer Krankheit geholfen hat, immer verstärkt auch hier die bewusst vorgenommene Handlung, das Konzentrieren auf die symbolischen Reinigungsmittel die Wirkung. Gereinigt wird häufig mit Wasser, möglichst geweiht, mit Salz, mit Räucherwerk, das dem Anlass entspricht, oder auch mit offener Flamme, sprich also Kerzenlicht.

Schutzrituale sind vor allem dann wichtig, wenn Sie Ängste abwehren wollen. Die geistigen Barrieren, die Sie mit derartigen Ritualen, meistens in Form von magischen Kreisen, aufbauen, sind nützlich, um die innere Sicherheit wiederzugewinnen. Ob sie den schützenden Kreis mit materiellen Hilfsmitteln ziehen oder sich rein auf ihre Visualisierungskräfte beschränken, liegt dabei in Ihrem Ermessen. Bei starken Ängsten empfiehlt es sich aber, einen konkreten Kreis, etwa aus schützenden Kristallen oder brennenden Kerzen, um sich zu bilden; das zitternde Kind in ihrem Inneren wird dadurch gewiss noch mehr Vertrauen fassen. Dennoch, Schutzrituale helfen nicht – und davor sollten Sie gewarnt sein – gegen einen konkreten Übergriff. Also, wenn der Einbrecher im Haus rumort, wählen Sie lieber die magische Nummer 110 und rufen nicht den Erzengel Michael an.

Bannrituale sollen vorhandene negative Energien vertreiben und ihnen die Rückkehr unmöglich machen. Sie sind im Prinzip eine Mischung aus Reinigung und Schutz. Vertreiben, ausräuchern, mit Bannworten belegen, im schlimmsten Fall exorzieren oder im einfachsten Fall den Dämonen einfach die Tür weisen ist der erste Teil, der zweite bedeutet, einen Schutzkreis zu errichten, meistens unter Einsatz von bannenden Hilfsmitteln wie Kräutern, Kristallen oder geweihtem Wasser.

Initiationsriten

Hier sind wir bei den wichtigsten und wesentlichsten Ritualen angekommen, die von ungeheurer Bedeutung für das menschliche Leben sind. Initiation ist Einweihung, und diese hat immer zur Folge, dass man einen neuen Status annimmt. Es ist jämmerlich, dass wir diese Riten vergessen haben, denn sie bergen eine gewaltige Kraft in sich, die kanalisiert und bewusst eingesetzt werden kann, um Schwierigkeiten zu vermeiden, Probleme zu lösen und gar Katastrophen zu verhindern. Denn die Nichteingeweihten tappen im Dunkeln. Sie haben eine Grenze überquert, ohne es zu bemerken, und irren im Neuland umher, ohne Führer, ohne Halt und ohne Orientierung.

Zu Beginn des 20. Jahrhunderts schrieb der französische Ethnologe Arnold van Gennep (1873–1957) ein bahnbrechendes Werk über die so genannten »Rites de passage«, die Übergangsriten, in dem er die verschiedenen Riten der Völker miteinander verglich und eine übergreifende Struktur entdeckte.

»So weisen die Zeremonien anlässlich der Geburt, der Kindheit, der sozialen Pubertät, der Verlobung, der Heirat, der Schwangerschaft, der Elternschaft, der Initiation in religiöse Gemeinschaften und der Bestattung eine allgemeine Ähnlichkeit auf. In dieser Hinsicht gleicht das Leben eines Menschen den Abläufen in der Natur, von der weder das Individuum noch die Gesellschaft unabhängig ist. Selbst das Universum ist rhythmischen Veränderungen unterworfen, die sich wiederum auf das menschliche Leben auswirken. Auch hier gibt es Phasen und Übergangsmomente, Perioden der Bewegung und des Stillstands. Man sollte deshalb in der Betrachtung der Übergangsriten im menschlichen Leben diejenigen mit berücksichtigen, die sich auf kosmische Veränderungen beziehen: auf den Übergang von einem Monat zum anderen (Zeremonien bei Vollmond beispielsweise), von einer Jahreszeit zur anderen (bei Sonnenwende, Tagundnachtgleiche), von einem Jahr zum anderen (bei Jahresbeginn)«, führt Arnold van Gennep detailliert aus.

Weder Zeit noch Raum haben daran etwas geändert: Es gibt im Leben immer wieder Übergänge, und man sollte Schwellen zu einem neuen Leben nicht unvorbereitet überschreiten. Es bedarf der Einweihung in die neue Phase, der Initiation.

Initiation in der realen Welt

Was ist eigentlich Einweihung? Es ist eine Einweisung in die neue Situation und endet, wenn sie richtig durchgeführt wird, mit einer Prüfung, die dem Initianten, wenn er sie besteht, bestätigt, dass er nun für die neuen Anforderungen gerüstet ist.

Bevor Sie sich mit einem Fahrzeug in den Straßenverkehr einreihen dürfen, lernen Sie in einer Fahrschule die Verkehrsregeln, die Funktionsweise des Autos und die Technik des Fahrens. Dann müssen Sie im Beisein eines Prüfers beweisen, dass man Sie gefahrlos auf die Straßen loslassen kann. Dies ist derzeit so ziemlich der einzige Initiationsritus, den junge Menschen mit ungefähr achtzehn Jahren durchlaufen, und entsprechend gebührend wird er oftmals gefeiert.

Rigorose Wertesysteme

Aber Führerschein oder Abschlusszeugnis, der Gesellenbrief oder das Diplom sind nur Bestätigungen für Fähigkeiten und Kenntnisse, die das Weiterkommen und die Orientierung in der materiellen Welt ermöglichen. Wie man mit Liebe und Trauer, Wut und Angst, Sehnsucht und Verlangen, Abschied und Schmerz umzugehen hat, das ist den Menschen dadurch nicht beigebracht worden. Eine strenge Religion oder auch ein autoritäres Staatswesen leistet diese Dienste gewöhnlich noch. Als Mittel dazu werden Rituale und rituelle Regeln und Vorschriften eingesetzt. Wer einem solchen System angehört und sich damit identifiziert, findet Halt innerhalb der vorgegebenen Strukturen und Geborgenheit in einem Wertesystem. Der Nachteil jedoch ist, dass eine stringente religiöse Lehre oder Gesellschaftsform die individuelle Entfaltung verhindern kann, es eigentlich sogar muss, um Zweifel und Fragen zu unterbinden.

Einweihung in die geistige Welt

Wir wollen die allzu starke Einschränkung der persönlichen Freiheiten nicht, doch wir brauchen den Halt eines Systems, das uns gewisse Grenzen setzt, die zumindest ein Innehalten bedingen, bevor sie wissentlich und absichtsvoll überschritten werden. Wir brauchen die Schwellenrituale, die die bewussten Übergänge von einem Stadium in das nächste markieren. Wir können sie selbst gestalten und dabei Anleihen bei den Traditionen nehmen. Untersuchungen vieler ethnischer und traditioneller Riten haben gezeigt, dass sich ein bestimmter Ablauf bewährt hat.

Der Schritt über die Schwelle

Wann so eine Schwelle erreicht ist, werden Sie wissen wollen. Wenn man seinen Lebensweg hin und wieder hinterfragt, wird einem das meist verhältnismäßig schnell klar. Es kündigt sich nämlich zu bestimmten Zeiten im Leben das Ende einer Phase an. Irgendwie haben sich plötzlich Wertigkeiten verschoben, kann man an seine eigenen Vorstellungen von der Welt nicht mehr so recht glauben, scheint sich die Wirklichkeit zu verändern. Dem einen passieren laufend kleine oder größere Missgeschicke, dem anderen fallen Dinge auf, die er zuvor nie wahrgenommen hat, und manchmal passieren wahlweise Wunder oder Katastrophen. Dann ist es so weit: Ein Lebensabschnitt geht zu Ende. Es gibt, wie Sie in den weiteren Kapiteln lesen werden, eine Hilfsgröße, wann solche Schwellen zu überschreiten sind.

Ablösung und Neuorientierung

Steht man dann vor einer solchen Schwelle, muss man sich von dem lösen, was vorüber ist. Ein Ablöseritual vermag diesen Zustand zu bestätigen und kann helfen loszulassen. Es folgt eine Phase zwischen den Zeiten und Räumen, in der die Suche und Neuorientierung erfolgt, vielleicht sogar eine Visionssuche, die bestimmend für die nächste Stufe der Entwicklung ist. Auch dieser Abschnitt sollte einen rituellen Rahmen haben, um das Verirren in dieser Zeit zu verhindern. Als dritter Schritt folgt die Wiedereingliederung in das tägliche Leben, möglicherweise mit einem neuen offiziellen Status, vielleicht aber auch nur mit einem neuen Bewusstsein. Auch diese Wiedereingliederung bedarf eines Rituals.

Formen der Initiationsrituale

In zwei Situationen können Sie bezüglich der Initiation geraten, einmal natürlich, wenn es Sie selbst betrifft, zum anderen, wenn Sie bemerken, dass ein anderer in diese Situation gerät und vielleicht Ihre Hilfe benötigt. Vor allem wenn Sie für Kinder und junge Menschen verantwortlich sind, sollten Sie sich damit vertraut machen, eine solche Zeremonie für sie zu gestalten und durchzuführen. Kinder sind durch solche Symbole und feierliche Handlungen sehr ansprechbar, die ihnen die Bedeutung der neuen Stufe vermitteln, die sie in ihrer Entwicklung genommen haben, und die Erinnerung daran mag ihnen in ihrem späteren Leben helfen, eben an den Schwellen innezuhalten, die eine neue Phase einleiten. Aber auch Erwachsenen, die sich an Schwellen befinden und sich darüber nicht im Klaren sind, können Sie zur Seite stehen und zumindest einige Maßnahmen vorschlagen, damit sie sich über den Sinn der Prüfungen bewusst werden. Für sich selbst aber entscheiden Sie, wie und was Sie loslassen müssen, wie Sie die entstandene Leere füllen und wie Sie zurückkehren in das normale Leben. Das hört sich aufwändig und mühselig an.

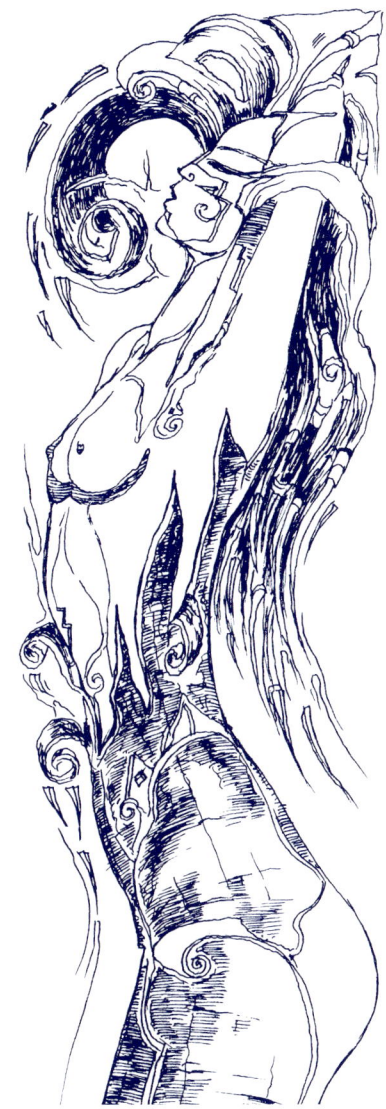

Man kann es aufwändig gestalten, zu manchen Zeiten kann das sogar zwingend notwendig sein. Aber es kann auch nur ein sehr persönliches, inniges Ritual sein, das man mit sich selbst begeht. Welche Möglichkeiten sich da anbieten, das vor allem soll Ihnen dieses Buch zeigen.

5. Kapitel
Die magischen Gäste

*»Die Analogie ist der einzig mögliche Vermittler
zwischen Sichtbarem und Unsichtbarem.«*

Eliphas Lévi

Ich möchte Ihnen im Folgenden zum einen die sieben charakteristischen Kräfte vorstellen, die durch die astrologischen Planeten dargestellt werden, und zum anderen die vier irdischen Basiskräfte Luft, Feuer, Wasser und Erde. Wenn Ihnen die Planetengötter oder die vier Elemente nicht liegen, zu abstrakt, zu unangenehm oder zu fremd sind, dann biete ich Ihnen zu jedem von ihnen auch noch Alternativen an. Den magischen Kräften ist es gleichgültig, bei welchem Namen sie gerufen werden, solange die Symbolwelt in sich schlüssig ist. Sie bitten die magischen Kräfte in Ihren Ritualen um Hilfe, und je enger Sie den Kontakt mit der wirkenden Kraft eingehen, desto intensiver wird sich das auf das Geschehen auswirken.

Die Planetenkräfte

Mit den Planetenkräften haben Magier aller Zeiten gearbeitet, und so finden wir schon bei dem berühmten Eliphas Lévi folgende Zuordnung:

»… die magischen Werke sind an der Zahl sieben: Werke des Lichts und des Reichtums unter den Auspizien der Sonne,
Werke der Wahrsagung und Mysterien unter der Anrufung des Mondes,
Werke der Gewandtheit des Wissens und der Beweglichkeit unter der Leitung des Merkur,
Werke des Zorns und der Züchtigung, dem Mars geweiht,
Werke der Liebe, von Venus begünstigt,
Werke des Eifers und der Politik unter den Auspizien Jupiters,
Werke der Verwünschung und des Todes unter dem Patronat des Saturns.«

Eliphas Lévi, Pseudonym für den 1810 bis 1875 lebenden Franzosen Alphonse Louis Constant, hat mit seinen Werken über Magie und die Mysterien maßgeblich die abendländische Esoterik geprägt, auch wenn das bei den meisten inzwischen in Vergessenheit geraten ist. Er hat eine erste systematische Beschreibung der magischen Kräfte und Rituale geschaffen, die noch immer praktiziert werden.

Die Sonne, das Licht des Lebens

Die Sonne ist ein mächtiger Archetypus, das höchste Licht, der Mittelpunkt, um den alles kreist. Sie ist so beeindruckend in ihrer Erscheinung, dass sie das Göttliche als solches darstellt – das Licht der Welt wird in allen Religionen verehrt. Die Sonne symbolisiert das zeugende Urprinzip, die Schöpfungskraft, den »großen Vater«, wenn Sie so wollen. Denn die Sonne ist, entgegen der deutschen Sprachgewohnheit, männlichen Geschlechts. Sie sieht alles, beleuchtet alles bei ihrer Wanderung über den hellen Tageshimmel. Sie gibt der Welt die Farbe, die Wärme, das Erkennen der Wirklichkeit und damit die freudige Lebendigkeit des Seins.

Helios ist der griechische Gott, der den Sonnenwagen lenkt. Er wird des Morgens vom ersten Schrei des Hahnes geweckt, dem Tier, das ihm heilig ist. Seine Schwester Eos/Aurora, die Morgenröte, kündet der Welt sein Kommen an. In seinem von vier feurigen Pferden gezogenen Wagen bricht er im Osten auf und zieht damit über den Himmelskreis. Der »Allsehende« wird er genannt, der Gott, der alles betrachtet, nicht neugierig, sondern nur aufmerksam. Er sieht Gutes und Schlechtes, wertet aber nicht und greift auch nicht ein. Die Sonne bringt es an den Tag. Diese Nichteinmischung ist ein bemerkenswertes Prinzip der höchsten und lichtesten Kraft. Es bedeutet, dass keine Teilung erfolgt, dass noch keine Polarität, keine Gegensätze entstanden sind. Sonne ist Einheit. Das ist für uns Menschen eines der am schwersten zu verstehenden Geheimnisse. Es bedeutet, immer das Ganze im Blick zu haben, sich nicht um Kleinigkeiten und Unwichtiges zu kümmern. Es bedeutet auch, selbst ganz zu sein, das eigene Selbst gefunden zu haben und sich dessen bewusst zu sein. Wer diese Fähigkeit erwirbt, wird machtvoll, ohne diese Macht einzusetzen. Wahre Führer befehlen nicht mehr, wahre Autorität muss nichts beweisen. Verantwortung für sich, für andere und die Welt ruhen in einer Hand.

Die Sonnenenergie

Die Gefahr dieser Kraft liegt in der unvollständigen Entwicklung. Wer nicht vollständig die Macht über sich gewonnen hat, sondern nur glaubt, sie zu besitzen, der wird in die Falle der Selbstüberschätzung stolpern, wird immer mehr Schein als Sein bleiben. Dann lauern Egomanie und Machtmissbrauch im Schatten des strahlenden Gestirns. Die positive Seite der magischen Sonnenkraft aber ist lebensbejahend, erhellend und wahrhaftig, und sie verausgabt sich bedingungslos. Sie hilft in dunklen Zeiten, bei Antriebslosigkeit und Ausgebranntsein, bei einem angeschlagenen Selbstvertrauen und bei allen Fragen der Führung und der Gerechtigkeit.

Analogien und Hilfsmittel

Götter: Wenn Sie nicht die Sonne selbst anrufen wollen, dann sind die Götter Helios, Apollo oder der keltische Lug ihre Vertreter. Auch alle strahlenden Helden, die Kaiser und Gottkönige in Mythen und Sagen entsprechen ihrem Archetypus.

Symbole: Das Sonnensymbol ist der Kreis mit dem Punkt in der Mitte oder der Kreis mit dem Strahlenkranz.

Wochentag: Natürlich ist die Sonne dem Sonntag zugeordnet.

Pflanzen: Pflanzliche Hilfsmittel, mit denen man die Kraft der Sonne unterstützt, sind Lorbeer, Ginster, Sonnenblumen und Johanniskraut.

Räucherwerk: Zum Räuchern dient Olibanum.

Steine: Als Edelstein entspricht ihr natürlich der Diamant, doch auch einen klaren Bergkristall können Sie verwenden.

Edelmetall: Gold ist das Metall der Sonne.

Tiere: Wenn Sie ein Tier suchen, das der Sonne entspricht, so finden Sie es im Löwen und im Hahn.

Farbe: Die Farbe der Sonne ist Gold.

Zahl: Ihre Zahl ist die Sechs.

Kabbala: In der Kabbala entspricht ihr die Sephira Tipheret, die Harmonie, die Schönheit und das Opfer.

Rune: Als Rune können Sie Sowilo (die Sonne, Wille, Sieg) oder Dagaz (der Tag, das Ritualfeuer, die Synthese von Gegensätzen) einsetzen.

Element: Das Element der Sonne ist selbstverständlich das Feuer.

Der Mond, das Geheimnis des Unbewussten

Das nächtliche Licht, der Zeitgeber, der wandelbare Mond nimmt der Welt die Farben und die klaren Konturen. Im Licht des Mondes sieht alles anders aus als am hellen Tag. Was wir mit unserer eingeschränkten Nachtsicht sehen, muss der Verstand uns erklären. Und da er auf unvollständiges Bildwerk angewiesen ist, ergänzt er beliebig aus dem Fundus, auf den er zurückgreifen kann. Er fügt dem real Gesehenen Fragmente aus dem Bildarchiv des Unbewussten bei und schafft so eine Erklärung für uns. Die unterscheidet sich maßgeblich von dem, was wir im hellen Licht des Tages erkennen würden, denn nun ist der Fels nicht mehr ein kantiger Gesteinsbrocken, sondern er scheint ein Gesicht bekommen zu haben und steht als grimmiger Troll in der Landschaft. Machen Sie einmal einen Spaziergang durch eine unbeleuchtete Gegend bei Mondschein. Sie werden erstaunt sein, was Ihnen alles begegnet. Luna und Selene, die Mondgöttinnen, sind die nächtlichen Herrinnen, die die Türen zum Unbewussten öffnen. In Träumen und Trancen kann man sich dem Unbewussten nähern, hineintauchen und finden, was über die Zeit hinweg verschüttet wurde, was als gemeinsames Erbe der Menschheit dort schlummert, und auch all die bislang noch ungenutzten Potenziale. Das Verschüttete hervorzubringen, das kann schmerzhaft und erschreckend sein. Manchmal aber muss man es tun, um eine schwärende Wunde zu heilen. Das mythische Erbe aller Menschen hingegen kann man nutzen, um sich mit ihm zu verbinden, Kraft und Inspiration daraus zu schöpfen und sogar hellsichtig zu werden. Die unentwickelten Potenziale aber bewirken die Wandlung, wenn es einem gelingt, sie zur Entfaltung zu bringen.

Die Mondenergie

Eine Gefahr bei der Beschäftigung mit den magischen Kräften des Mondes liegt darin, dass man sich von den inneren Bildern überfluten lässt, sich der Welt entfremdet, nach innen flieht und nicht mehr bereit ist, sich der

Wirklichkeit zu stellen. Die magische Kraft des Mondes ist geheimnisvoll, sehnsüchtig und verheißend. Sie hilft, die eigenen Rhythmen zu finden, die inneren Heilkräfte zu aktivieren, sich den Ängsten zu stellen und das Bewusstsein einer tieferen Weisheit zu öffnen. Vor allem hilft der Mond dem Menschen, seine Weiblichkeit zu wecken und anzunehmen. Das gilt auch für Männer, denn jeder Mensch hat männliche und weibliche Anteile in sich, die anerkannt und geachtet werden wollen.

Analogien und Hilfsmittel

Götter: Wenn Sie nicht den Mond selbst anrufen wollen, dann wenden Sie sich an die Göttinnen, die ihn vertreten. Dem zunehmenden Mond entspricht Diana, die jungfräuliche Jägerin, dem vollen Mond Luna oder Selene, dem abnehmenden Mond Hekate. In den Mythen und Sagen entsprechen die weisen Frauen und Zauberinnen, die Dame vom See und die Hexen ihrem Archetypus. Und ganz selbstverständlich gehören Mädchen, Mutter und Alte zum Mond.

Symbole: Die Mondsymbole sind die beiden Sicheln des zu- und abnehmenden Mondes und der Kreis des Vollmondes.

Wochentag: Montag (französisch: lundi, spanisch: lunes) ist der Tag des Mondes, der Luna.

Pflanzen: Pflanzliche Hilfsmittel, mit denen Sie die Kraft des Mondes unterstützen können, sind Seerosen, Jasmin, Weidenbaum und Heckenrosen.

Räucherwerk: Als Räucherwerk passt Myrrhe zum Mond.

Steine: Als Edelsteine entsprechen ihm der Mondstein und die schimmernden Perlen.

Edelmetall: Silber ist das wahre Mondmetall.

Tiere: Die nächtlichen Tiere, die den Mond begleiten, sind die Katzen, die sanften Jägerinnen mit dem klaren Blick. Auch der Hase wird dem Mond zugeordnet.

Farbe: Die Farbe des Mondes ist Silber.

Zahl: Seine Zahl ist die Neun.

Kabbala: In der Kabbala entspricht ihm die Sephira Yesod, die Basis, das Fundament, der Weg ins Unbewusste.

Rune: Als Rune können Sie Perth (das Verborgene, die Zeit, Karma) oder Laguz (Urwasser, Meer, Leben) einsetzen.

Element: Das Element des Mondes ist das Wasser.

Merkur, der trickreiche Querdenker

Er hält sich immer nahe der Sonne auf, der quirlige Planet Merkur, und hetzt in nur 88 Tagen um sie herum. Man sieht ihn daher nur selten, vornehmlich in den Stunden der Dämmerung im Frühling und Herbst. Er ist nur flüchtig zu erhaschen, und darum erhielt er seinen Namen von dem schlitzohrigen Götterboten Hermes/Merkur, der, mit Flügelsandalen ausgestattet, die mythologische Kommunikationszentrale war. Die Geschichten, die sich um diesen Bruder Leichtfuß ranken, sprechen von List und Humor, von augenzwinkernder Diplomatie und beträchtlichem Witz. Seinen lebhaften Verstand und seine Findigkeit nutzt er nicht nur, um Nachrichten weiterzuleiten, er ist auch ein Meister der Ausreden. Man verehrte Merkur an den Wegkreuzungen, denn er war der Beschützer der Reisenden. Und wer reist, bildet sich auch, sammelt Wissen. Wissenschaft und Gelehrsamkeit, Denkvermögen und ein gutes Gedächtnis unterstützt dieser flinkzüngige Gott. Aber er ist auch mit seiner Überredungsgabe auf den Märkten und Bazaren zu finden. Die Händler und Kaufleute schätzen ihn sehr, denn er ist immer gut informiert, und das macht den Erfolg des Geschäfts bekanntlich aus. Die Moral hingegen kommt bei ihm zuweilen ein wenig zu kurz, denn Geld, Information und ein lockeres Verhältnis zur Ehrlichkeit machten ihn auch zum Beschützer der Diebe. Die Alchimisten haben das Quecksilber nach ihm benannt, das Mercurium, das »schnelle Silber«. Dieses flüssige Metall ist schwer zu fassen, rollt in kleinen, silbrigen Perlen auseinander und verschwindet in Ritzen und Spalten, von wo aus es in giftigen Dämpfen verdunsten kann. Ein unzuverlässiges Element, wie sein Namensgeber. Seine gelegentliche Unentschiedenheit zeigt Merkur auch in seiner symbolischen Gestalt, denn da wird er als zweigeschlechtlicher Hermaphrodit dargestellt.

Die Merkurenergie

In ihr zeigt sich auch die Gefahr, die in den magischen Kräften des Merkur liegt. Eine zu enge Bindung an ihn macht unbeständig, die einseitige Konzentration auf den Verstand, das logische und analytische Denken verschließt die Sicht auf die intuitiven Erkenntnisformen, und die Kunst, mit Worten umzugehen, kann unter Umständen auch den hohlen Schwätzer ausmachen. Doch die magische Kraft des Merkur in seiner besten

Form ist vielseitig, vermittelnd, geistig stimulierend. Sie hilft, sich mit Problemen emotionslos auseinander zu setzen, unterstützt beim Lernen und Studieren, fördert die Kontakte. Merkur liebt alles, was neu und schnell ist. Er bringt Ordnung und Struktur auch in verworrene Angelegenheiten, und schließlich verhilft der fröhliche Trickster und Querdenker einem auch immer wieder zu einem Lachen. Und das ist bekanntlich die höchste Form der Magie.

Analogien und Hilfsmittel

Götter: Wenn Ihnen Merkur nicht liegt, dann ist der germanische Wanderer mit dem Schlapphut vielleicht eher Ihr Freund: Odin, der den Menschen das Runenwissen gab. Oder Göttervater Zeus' Kopfgeburt, die weise Athene. Ihr geht allerdings der Humor etwas ab. Besonders nah steht Merkur sein ägyptischer Kollege Thot, der Weisheitsgott. In den Mythen und Sagen ist immer der listenreiche Held sein Archetypus.

Symbole: Die Merkursymbole sind die Flügelsandalen und der geflügelte Hut, aber auch der Caduceus, der Stab mit den beiden darumgewundenen Schlangen.

Wochentag: Der Mittwoch (französisch: mercredi, spanisch: miércoles) ist der Tag des Merkurs.

Pflanzen: Pflanzliche Hilfsmittel, mit denen Sie die Kraft des Merkur unterstützen können, sind Muskatblüte, Haselstrauch, Majoran und alle Minzesorten.

Räucherwerk: Geräuchert wird mit Storax.

Steine: Als Edelstein sprechen ihn Achat und auch der Bernstein und der Goldtopas an.

Edelmetall: Quecksilber wird Merkur als Metall zugeordnet, aber seien Sie vorsichtig damit, denn es ist giftig.

Tiere: Zu den merkurianischen Tieren gehören der trickreiche Reineke Fuchs, aber auch die weisen Schlangen, die sich um den Stab des Merkurs winden, und die Eule.

Farbe: Die Farbe des Merkur ist Orange.

Zahl: Seine Zahl ist die Acht.

Kabbala: In der Kabbala entspricht ihm die Sephira Hod, die Ordnung und der systematisierende Intellekt.

Rune: Als Rune können Sie Raidho (das Rad, die Ordnung, Bewegung) oder Anzus (Odins wehender Mantel, Zauberworte, Inspiration) einsetzen.

Element: Das Element des Merkurs ist die Luft.

Venus, die ordnende Hand der Harmonie

Venus, die von den Griechen Aphrodite genannt wurde, kam auf höchst anmutige Art zur Welt. Die Schaumgeborene wurde in einer Muschel an den Strand gespült und entstieg ihr in vollkommener Schönheit. Der Göttervater adoptierte sie, machte sie zur Göttin der Liebe und vermählte sie mit dem hässlichen Schmied Hephaistos. Die Schönheit und die Hässlichkeit mussten sich arrangieren, und so wird Venus der Harmonie verpflichtet. Unter uns – ganz vollkommen blieb Venus nicht, sie fand auch Gefallen an dem wohlgebauten Krieger Mars, was ihr aber nur einen weiteren Gegensatzkonflikt einbrachte, nämlich den zwischen Frieden und Krieg. Aber da Venus nicht so sehr mit dem Kopf, sondern vor allem mit dem Herzen denkt, folgt sie ihren Gefühlen. Mit ihrer Hilfe gleicht sie aus, mildert Ecken und Kanten, findet Kompromisse, harmonisiert und findet eine gerechte Mitte. Ihre Gerechtigkeit aber ist nicht die der harten Gesetze, sondern die des Verständnisses und der Barmherzigkeit.

Aus dem Herzen schöpft Venus aber auch die Freude an der Kunst. Alles künstlerische Talent liegt zunächst im Unbewussten verborgen. Sie kann es erwecken und zu vollendeter Schönheit führen. Als Antrieb dazu hat sie den Menschen die Sehnsucht geschenkt, eine sehr zwiespältige Kraft, die durchaus zu sehr schmerzlichen Erlebnissen führen kann, andererseits aber den Zugang zu den Potenzialen schafft, die zur Selbstverwirklichung führen.

Die Venusenergie

Aber wie alle Kräfte hat auch Venus ihre negativen Aspekte. Die Kehrseite der Liebe, Besitzdenken und Eifersucht, kann sie auslösen und auch oberflächliches Luxusdenken. Zu großes Harmoniestreben lässt es auch nicht zu, dass notwendige Konflikte ausgelebt und bereinigt werden.

In ihrer besten Form allerdings ist die magische Kraft der Venus hoffnungsvoll, freudig und sensibel. Sie hilft, Freundschaften zu schließen und schwierige Situationen mit Anmut und Charme zu meistern. Sie erschließt und fördert die künstlerischen Talente oder zumindest das Verständnis für den künstlerischen Ausdruck. Sie ordnet Beziehungen und vernachlässigt dabei auch nicht das tiefere Verständnis, das Verzeihen und die Barmherzigkeit. Venus bringt das Lächeln ins Leben.

Analogien und Hilfsmittel

Götter: Sollte Venus Sie nicht besonders ansprechen, gibt es natürlich noch die germanische Freya, auch Ishtar/Inanna verkörpert die Venusenergie, und sehr mächtig und geliebt ist Isis, die Allmutter der Natur. In den Mythen und Sagen ist sie die große Liebende, manchmal auch die Leidende, Dornröschen, die junge, oft jungfräuliche Schönheit.

Symbole: Die Symbole der Venus sind der Spiegel, in den die Schönheit blickt, die Waage der Gerechtigkeit und nicht zuletzt das von Pfeilen getroffene Herz.

Wochentag: Der Freitag (französisch: vendredi, spanisch: viernes) gehört der Venus und der germanischen Liebesgöttin Freya.

Pflanzen: Pflanzliche Hilfsmittel, mit denen Sie die Kraft der Venus unterstützen können, sind Äpfel, Birke, Myrte, Rosen und Veilchen.

Räucherwerk: Als Räucherwerk liebt die Göttin Benzoe.

Stein: Als Edelstein fördert Rosenquarz die Harmonie, die Venus ausstrahlt.

Edelmetall: Ihr Metall ist das Kupfer.

Tiere: Zu den Tieren der Venus zählen die sanfte Taube und die reißende Wildkatze. So widersprüchlich das klingt, beide sind auch Symbole der Liebe. Denken Sie darüber nach, um Venus näher zu kommen.

Farben: Die Farben der Venus sind Grün und Rosa.

Zahl: Ihre Zahl ist die Sieben.

Kabbala: In der Kabbala entspricht ihr die Sephira Netzach, die Brillanz, der Humus, die unbewusste Gärung.

Rune: Als Rune können Sie, wenn Sie die Venus anrufen, Wunjo (die Freude, die Kameradschaft, das Vereinigen von Gegensätzen) oder Berkana (die Birke, Frieden, Fruchtbarkeit) einsetzen.

Element: Die Elemente der Venus sind Erde und Wasser.

Mars, das antreibende Energiebündel

Wie sehr hat der rote Planet die Phantasie der Erdenbewohner angeregt! Noch immer hoffen wir, auf unserem Nachbarplaneten irgendeine Form von Leben zu entdecken. Aber weder grünhäutige Marsmenschen noch andere Spuren organischen Lebens sind auf ihm zu finden. Aber die Gemüter erregt Mars dennoch. Das ist nämlich sein Charakter. Mars ist der Kriegsgott, der Kämpfer, der leidenschaftliche Liebhaber, der gnadenlose Antreiber, der die Peitsche schwingt, der heißblütige Sieger vieler Wettkämpfe. Er zieht eine Spur von Gewalt und Vernichtung hinter sich her, wenn er in Fahrt kommt. Doch seine wilde Männlichkeit findet ihren Ruhepol in der Vereinigung mit Venus, der empfangenden, hingebenden Liebe. Seine Aggression ist mächtig, aber Aggression ist auch Überlebenstrieb, und darum ist er trotz seiner Wildheit nicht nur gefährlich. Er ist notwendig. Er bringt mit Mut, Durchsetzungskraft und Geradlinigkeit seine Anliegen voran. Mars ist die kosmische Kraftquelle, und wie alle gewaltigen Kräfte muss man sie zu bändigen wissen, um sie sinnvoll einsetzen zu können. Sonst schlagen jählings Blitze ein, werden Herzen in Flammen gesetzt oder explosive Stimmungen erzeugt. Doch in der kontrollierten Form kann diese Kraft zu echter Stärke werden, sie kann zur Selbstüberwindung führen, den notwendigen Antrieb geben, um sich selbst am Zopf aus dem Schlamm zu ziehen und andere mitzureißen. Kampf ist notwendig, Auseinandersetzung ist wichtig. Das ehrliche Ringen mit Schwierigkeiten, das Streben nach Erfolg muss zu bestimmten Zeiten sein. Feigheit und Drückebergertum zählen nämlich nicht zu den Tugenden.

Die Marsenergie

Negativ ist natürlich alles, was im Übermaß und ohne Bewusstsein geschieht. Die marsianischen Kräfte ohne Sinn und Verstand einzusetzen bedeutet Gewalt, Ungerechtigkeit, Zerstörung und Rachegelüste.

In gemäßigter und gezähmter Form aber bringt die magische Kraft des Mars Feuer ins Leben, sie ist willensstärkend, vorwärtsgerichtet, siegesgewiss und vital. Sie hilft, Müdigkeit und Phasen des Ausgebranntseins zu überwinden, Mutlosigkeit und Zagen vertreibt sie und schenkt ganz allgemein die Energie zum Leben und Überleben. Selbst ihr zerstörender Aspekt kann positiv genutzt werden, denn auch Befreiungsschläge sind oftmals notwendig, um verkrustete Strukturen, verhärtete Panzer und starre Festungen aufzubrechen. Drauf und durch! – Das ist Mars.

Analogien und Hilfsmittel

Götter: Wenn der Kriegsgott Mars nicht Ihr spezieller Freund ist, kann der Aspekt des wilden Mannes durch Cernunnos vertreten werden, den keltischen Gehörnten, dessen Schwerpunkt auf lustvollen Erfahrungen liegt.

Auch die kämpferische, aber etwas humorvollere Art des germanischen Donnerers Thor entspricht Mars, ebenso die keltische Morrigan, die vielseitige Kriegsgöttin. In den Mythen und Sagen ist Mars der vorwärtsstrebende Held, der Kämpfer und Sieger, der heiß begehrte, meist treulose Geliebte.

Symbole: Die Symbole des Mars sind die Waffen, vor allem Speer, Lanze, Pfeile und Schwert, heutzutage auch Feuerwaffen. Das rote Banner trägt Mars ebenfalls voran.

Wochentag: Dienstag (französisch: mardi, spanisch: martes) ist der Tag des Mars.

Pflanzen: Pflanzliche Hilfsmittel, mit denen Sie die Kraft des Mars unterstützen können, sind Chilipfeffer, Paprika und Zwiebeln.

Räucherwerk: Geräuchert wird mit Pinie.

Steine: Der Granat oder der feurigrote Rubin entsprechen den Kräften des Mars.

Edelmetall: Das ihm zugeordnete Metall ist das Eisen, heute in der Form von Stahl.

Tiere: Zu den Tieren des Mars zählen der wütende Stier und der wilde Eber.

Farbe: Die Farbe des Mars ist Rot.

Zahl: Seine Zahl ist die Fünf.

Kabbala: In der Kabbala entspricht ihm die Sephira Geburah, die Stärke, die Zerstörung, der Rotstift.

Rune: Als Rune können Sie Kenaz (die Flamme, die Leidenschaft, die Liebeslust) oder Thuriaz (der Dorn, der Donner, die Vernichtung der Feinde) einsetzen.

Element: Das Element des Mars ist das Feuer.

Jupiter, der großmütige Chef

Er ist der Größte, nicht nur als Planet. Jupiter ist schon ein machtvoller Göttervater, und er hat sich seine Position auch redlich verdient, denn sein Vater wiederum war seinen Sprösslingen nicht sonderlich wohlgesonnen und pflegte sie zu verspeisen. Jupiter/Zeus aber entkommt ihm, und als er alt genug ist, tritt er gegen seinen Vater Kronos an und zwingt ihn, die verschluckten Geschwister wieder auszuspucken. Er besiegt ihn, doch er tötet ihn nicht. Er schickt ihn in die Verbannung. Seine Geschwister aber wählen ihn, Jupiter, zum Herrscher der Götter. Er herrscht verhältnismäßig gut, denn er ist tolerant und großmütig. Jovial ist das Wort, das von Jovis – Jupiter – abgeleitet ist, und es bedeutet Entgegenkommen, jemandem geneigt sein. Sehr entgegenkommend ist Jupiter auch dem weiblichen Geschlecht, und seine Eroberungen sind legendär. Dabei geht er äußerst kreativ und phantasievoll vor und verwandelt sich auch gerne in mächtige oder, wenn nötig, auch in zerzauste, Mitleid heischende Tiere. Allerdings pflegt er nicht zu fragen, ob die Begehrte auch ihm geneigt ist, und so kommt es das eine oder andere Mal zu unerbetenen sexuellen Übergriffen. Aber so richtig böse ist ihm weder Göttin noch Menschenfrau, denn er verströmt seine Liebe, verschenkt seinen Optimismus, gewährt Erfolg und Hilfe. Das »große Glück« wurde er in der alten Astrologie genannt, und das gibt er auch gern. Daneben hat er aber auch eine tiefgründigere Seite, denn um wahrhaft herrschen zu können, muss man sich auch ein wenig mit der Theorie befassen. Bei den Göttern heißt diese Theorie Philosophie und Glauben. Jupiter ist der Hüter der Religion und der göttlichen Gesetze. Und wenn er auch hart zu strafen versteht, wenn jemand mutwillig gegen die Ordnung verstößt, so lässt er doch Gnade vor Recht gelten, wenn es ihm richtig erscheint. Er ist ein gütiger Vater – weitgehend. Wenn er wirklich sauer wird, fliegen die Blitze.

Jupiter ist der wohlwollende Führer, der Wohlstand, Stabilität und Zufriedenheit begünstigt. Er scheut die Verantwortung nicht, gibt sie aber auch gern weiter. Er lobt die erbrachte Leistung und verschafft Ehre und Anerkennung dem, der sie verdient. Er fördert den Sinn der Menschen für Ideale und Werte, und wer sich hohe Ziele setzt, dem wird er seinen Beistand nicht verwehren. Der potente Göttervater ist natürlich auch schöpferisch tätig, er unterstützt das Wachstum, den Aufbau und die Vermehrung.

Die Jupiterenergie

Zu viel seiner Kraft macht überheblich und arrogant, dann bricht der Macho durch, der verächtlich auf Schwächere herabschaut. Vor allem die Überheblichkeit und die Selbstgerechtigkeit verbauen den Weg zur eigenen Kritikfähigkeit.

In seiner besten Form aber ist die magische Kraft des Jupiter glücksbringend, optimistisch und großzügig. Sie hilft, einen kleinlichen Geist zu überwinden, sich mit höherem Wissen zu verbinden und dabei zu Einsichten und Erkenntnissen zu gelangen. Natürlich schenkt sie Erfolg und Lebensfreude, Offenheit und Toleranz, Reichtum und Fülle.

Wenn man sie richtig einsetzt, erlangt man mit der jovialen Kraft auch Macht. Vor allem über sich selbst. Denn Jupiter ist in allem einfach groß.

Analogien und Hilfsmittel

Götter: Sollten Sie, warum auch immer, Jupiter nicht mögen, können Sie alle großzügigen Götter alternativ zu Ihren Ritualen laden. Den gastfreundlichen keltischen Dagda etwa oder die das Füllhorn ausgießende Concordia. Auch die launische Fortuna entspricht ihm in manchen Aspekten, doch wie gesagt, sie verkörpert das launische Glück. In Mythen und Sagen ist Jupiter der weise König, der gerechte Führer, der wohlwollende Vater.

Symbole: Die Symbole des Jupiter sind das Zepter oder der Stab, gelegentlich werden auch Blitze verwendet.

Wochentag: Donnerstag (französisch: jeudi, spanisch: jueves) ist der Tag des Jupiter (Jovis) und des germanischen Donar.

Pflanzen: Pflanzliche Hilfsmittel, mit denen Sie die Kraft des Jupiter unterstützen können, sind Eichenlaub, Glücksklee, Oliven und Goldregen.

Räucherwerk: Als Räucherwerk schnupft der große Göttervater gerne Zeder.

Steine: Als Edelstein entspricht ihm der violette Amethyst oder der Saphir.

Metall: Das ihm zugeordnete Metall ist Zinn.

Tiere: Zu den Tieren des Jupiter zählen der stolze Schwan, der weiße Stier, der zerzauste Kuckuck (aber bei dem müssen Sie vorsichtig sein) und der Adler.

Farben: Die Farbe des Jupiter ist Purpur oder Dunkelviolett.

Zahl: Seine Zahl ist die Vier.

Kabbala: In der Kabbala entspricht ihm die Sephira Chesed, die Barmherzigkeit, die Stabilität, die Konkretisierung.

Rune: Als Rune können Sie Fehu (das Vieh, Geld und Gold, Macht und Ausdehnung) oder Gebo (das Geschenk, die Großzügigkeit, die Vereinigung) einsetzen.

Elemente: Die Elemente des Jupiter sind das Feuer und die Luft.

Saturn, der Zeitgeber des Lebens

Man hat ihn den großen Übeltäter genannt, den Saturn, und ihn mit Angst und Schrecken betrachtet. Aber das ist eine Sichtweise, die nur sehr oberflächlich eingestellte Menschen dem Hüter der Schwelle entgegenbringen. Im Gegenteil – Saturn ist, wenn man ihm mit Achtung begegnet, einer der besten Begleiter im Leben. Er verlangt allerdings etwas vom Menschen. Im Horoskop stellt er immer eine bremsende Kraft dar, eine Grenze, ein Hemmnis. Und das ist sehr nützlich im Leben. Denn es verhindert, dass man zu früh und unvorbereitet in Neuland eindringt. Der Lehrer und Prüfer ist Saturn im besten Sinne, denn er stellt Aufgaben, die man zunächst bewältigen muss, bevor man weitergeht. Mit ihm müssen wir uns an dieser Stelle etwas ausgiebiger befassen, denn sein kosmischer Rhythmus ist deckungsgleich mit den Lebensrhythmen des Menschen.

Saturn zieht seine Bahn in etwa 29 Jahren um die Sonne, und wann immer er über seine eigene Position im Geburtshoroskop geht, hat der Mensch sich ihm im besonderen Maße zu stellen. Also etwa im Alter von 28 bis 30

Jahren und noch einmal zwischen dem 57. und 59. Lebensjahr. Diejenigen, die eine dritte Saturnwiederkehr erleben, mit etwa 90 Jahren, werden wissen, was er wirklich zu bedeuten hatte.

Doch nicht nur die Übergänge der eigenen Position führen zur Auseinandersetzung mit den Herren der Einweihung, auch seine Quadrate und Oppositionen, also wenn er im rechten Winkel oder direkt gegenüber seiner Ursprungsposition steht. Und das geschieht alle sieben Jahre. Diejenigen, die mit offenen Augen sich selbst und ihre Mitmenschen beobachtet haben, sind schon sehr früh darauf gekommen, dass sich auch das menschliche Leben in einem Siebenjahresrhythmus entwickelt. Sie erinnern sich vielleicht an die sieben fetten und die sieben mageren Jahre, die in der Bibel genannt werden. Der Blick an den Himmel, die Sterndeutung, hat jene Weisen den Analogieschluss ziehen lassen, dass Saturn und der menschliche Lebenszyklus miteinander in Verbindung stehen. Nicht der materielle Planet mit seinen schönen Ringen, sondern die mit ihm assoziierte Wirkung bestimmt unser Dasein. Glauben Sie es, oder zweifeln Sie daran. Das bleibt Ihnen überlassen. Doch den Siebenerrhythmus haben auch Sie im Blut.

Saturn ist der Zeitgeber – er hieß einst Chronos –, und wie die Zeit verschlingt er seine Kinder. Zeit vergeht in unserer realen Welt, für unser Empfinden verläuft sie linear, nach vorne, in die Zukunft gerichtet. Das Vergangene verschwindet, wird erbarmungslos von ihr aufgefressen. Was übrig bleibt, ist Erinnerung. Wenn wir die Erinnerung aufarbeiten und uns bewusst machen, wird sie zur Erfahrung. Was wir nicht aufarbeiten, versinkt in der Vergessenheit. Es bleibt im tiefen Keller des Unbewussten, doch verloren ist es nicht. Manches müssen wir vergessen, manche Schmerzen und Verletzungen kann man nur so ertragen, anderes scheint zu unwesentlich, als dass man die Erinnerung daran aufrechterhalten möchte. Spannend wird es allerdings, wenn wir an einer Schwellensituation stehen, manchmal in Form einer Krise. Dann ist es nötig, sich den Erinnerungen zu stellen. Gut ist es, wenn es sich um Erfahrungen handelt. Saturn fragt nämlich danach, was wir gelernt haben. Ist es zu wenig, gibt es Schwierigkeiten. Das ist etwa so, als ob Sie Ihre Prüfungsaufgaben verschlampt haben. Ein verantwortungsvoller Lehrer wird Ihnen dann kein gutes Zeugnis ausstellen. Saturn ist kein böswilliger Lehrer. Hat man seine Aufgaben gemacht, lobt er auch und hilft weiter. Er gibt die Kraft, sich auf das Wesentliche zu beschränken, hält Störenfriede ab und zeigt die Regeln auf, nach denen man sich richten kann. Mit ihm kann man sich von Ballast trennen, kann Geduld und Beharrlichkeit lernen und Verantwortung übernehmen. Lachen kann man mit Saturn zwar nicht, aber das wohlwollende Nicken eines anspruchsvollen Lehrers ist auch nicht zu verachten.

Die Saturnenergie

Saturnische Kräfte werden zur Bannung und zum Schutz angerufen, aber Vorsicht! Saturns Härte kann einsam machen und den Handlungsspielraum einschränken. Saturnische Kräfte aber zu ignorieren führt zu

Krankheit, Trauer, Katastrophen und Tod. In ihrer besten Ausprägung aber bringt die magische Kraft des Saturn Wissen und Weisheit, Schutz und Führung. Sie hilft, Oberflächliches zu überwinden, Geduld mit sich und anderen zu entwickeln, Trennungen zu ertragen. Saturn wirkt formgebend und hilft letztlich, sich selbst zu erkennen. Saturn ist unerbittlich, aber verlässlich – wie die Zeit.

Analogien und Hilfsmittel

Götter: Sie werden um Saturn nicht völlig herumkommen, aber wenn Sie die weiblichen Personifizierungen eher schätzen, dann entsprechen ihm die Erdgöttinnen in ihren dunklen Aspekten: Persephone, Kali Ma und die Mutter der Zeit, Rhea Chronia. In den Mythen und Sagen ist Saturn der Lehrer, der Wächter, der Einsiedler oder der Böse.

Symbole: Die Symbole des Saturn sind das Stundenglas und die Sense.

Wochentag: Samstag (englisch: saturday) ist der Tag des Saturn.

Pflanzen: Pflanzen, mit denen Sie die Kraft des Saturn unterstützen können, sind Eibe, Zypresse, Kornblume und Wacholder.

Räucherwerk: Geräuchert wird mit Styrax oder auch mit Zypressenholz.

Stein: Saturn verwendet den schwarzen Onyx.

Metall: Das ihm zugeordnete Metall ist Blei.

Tiere: Die Tiere des Saturn sind der Rabe und der Steinbock.

Farben: Die Farbe des Saturn ist das Schwarz.

Zahl: Seine Zahl ist die Drei.

Kabbala: In der Kabbala entspricht ihm die Sephira Binah, das Verständnis, das Meer der Tränen, die Form.

Rune: Als Rune können Sie Eihwaz (die Eibe, Einweihung, Schutz) oder Naudhiz (das Notfeuer, Schicksal, Zwang) einsetzen.

Element: Das Element des Saturn ist die Erde.

Uranus, Neptun, Pluto – die grauen Eminenzen im Hintergrund

Ohne technische Hilfsmittel sind die drei weiteren Planeten unseres Sonnensystems nicht mehr sichtbar. Uranus, Neptun und Pluto sind demzufolge neu in der Astrologie. Die dazugehörigen Götter jedoch sind alt. Und sie sind gewaltig.

Uranus ist der uranfängliche Himmel, der Vater aller möglichen und vor allem auch der unmöglichen Kreaturen. Denn nicht nur Pflanzen und Tiere zeugte er mit Mutter Erde, sondern auch bizarre Ungeheuer und verrückte Missgestalten, die anschließend sofort in die Unterwelt verbannt wurden. Uranus ist ein wenig chaotisch, recht spontan und manchmal revolutionär. Nehmen Sie sich vor ihm in Acht.

Neptun beherrscht die Wasser, vor allem die lichtlosen Tiefen. Dem entsprechen die Untergründe der menschlichen Psyche. Es ist ganz hilfreich, sich zu bestimmten Zeiten mit den dort schlummernden Inhalten auseinander zu setzen. Doch nehmen Sie dazu lieber die Hilfe des Mondes in Anspruch. Neptun zieht in die Tiefe, und wer sich dort verliert, wird wahnsinnig oder drogensüchtig. Lassen Sie Neptun in Ruhe.

Pluto hingegen ruft man nicht, Pluto passiert. Man kann ihn nur überleben, wenn man die Transformation, den Wandel, den er auslöst, bedingungslos akzeptiert.

Die Magie der vier Elemente

Der griechische Philosoph Empedokles, der von ca. 490 bis 430 vor unserer Zeitrechnung lebte, hat erstmals die vier Elemente als Grundstoffe der Welt definiert. Im Laufe der Jahrhunderte wurde die Elementlehre verfeinert, auf viele Gebiete übertragen und als Erklärungsmuster für unzählige Erscheinungen und Prozesse hergenommen. Hildegard von Bingen bezog sich in ihrer Heilkunst auf sie, Paracelsus beschrieb die Elementargeister, die Temperamente der Persönlichkeit sind uns noch heute ein Begriff. Jeder von uns kennt einen aufbrausenden Choleriker oder eine phlegmatische Schlafmütze, einen trübsinnigen Melancholiker oder einen forschen Sanguiniker.

Für die Naturelemente Feuer, Wasser, Erde und Luft fanden sich so im Laufe der kulturellen Entwicklung mehr und mehr Entsprechungen, die sich auf diese Symbole beziehen. Weder Naturwissenschaft noch Philosophie, weder christliche Theologie noch mittelalterliche Magie, weder die Heilkunde des Körpers noch die der Seele verzichten auf dieses Modell der Welt. Und natürlich erst recht nicht die Magie!

Luft – das leichtfüßige Element

Um Luft zu erkennen, muss man schon mal etwas nachdenken, denn man sieht sie nicht, hört sie nicht, fühlt sie nicht. Und dass man atmet, nimmt man gewöhnlich auch nicht wahr. Erst wenn einem die Luft wegbleibt, man kräftigen Gegenwind verspürt oder in Turbulenzen gerät, dann beginnt man meist damit, scharf nachzudenken, wie es denn dazu kommen konnte. Luftmagie befasst sich vor allem mit den Themen geistige Durchdringung, Kontakte und Leichtigkeit. Die Kraft dieses Elementes stärkt alles das, was mit der verstandesgemäßen Erfassung der Welt zu tun hat und unterstützt damit natürlich auch die Neugier. Unsere Kommunikation läuft über die Luft, jedes gesprochene Wort ist nur hörbar, weil es die Luft in Schwingungen versetzt und diese sich in Wellen darin ausbreiten, bis sie auf das geneigte Ohr eines Zuhörers treffen. Luft schafft aber auch Distanz. Sich Luft verschaffen heißt, zu enge Kontakte zu unterbrechen, gelegentlich auch mit scharfen Worten. In dem Freiraum aber kann man sich dann wieder mit spielerischer Leichtigkeit entfalten, und auch das unterstützt dieses Element.

Die Luftenergie

Die negativen Seiten der magischen Luftkräfte allerdings bedeuten Abheben, Aufgeblasenheit, intellektuelle Kälte oder ein Leben in Wolkenkuckucksheim. Solche Menschen werden förmlich davongetragen. Auch Oberflächlichkeit und Wankelmut, Launenhaftigkeit und Sprunghaftigkeit bis hin zur Hysterie können sie bewirken.

Die magische Kraft der Luft in ihrer besten Form hilft, die Welt rational zu erkennen und logische Schlussfolgerungen zu ziehen, Konflikte mit Verstand zu lösen und Trennungen glatt und klar zu vollziehen. Luft ist auch zukunftsweisend und visionär, und damit unterstützt sie die Magie, die auf das Neue gerichtet ist.

Analogien und Hilfsmittel

Götter: Wenn Sie mit dem Element Luft nicht arbeiten wollen, dann versuchen Sie es mit Feen und Elfen oder mit der heiligen Katharina oder dem heiligen Blasius. Als Erzengel verkörpern Raphael und Maria in ihrer Gestalt als Alma Mater, der Schutzpatronin der Universitäten, das Element Luft.

Himmelsrichtung: Es entspricht der Luft die Himmelsrichtung Osten, der Sonnenaufgang, der Morgen, der Frühling, die Frühlingstag-undnachtgleiche und der neue Mond.

Farbe: Die Farbe der Luft ist Gelb.

Symbole: Die Symbole der Luft sind Schwerter und Dolche oder andere Schneidwerkzeuge dieser Art.

Räucherwerk: Mit Räucherwerk vor allem rufen Sie die Kräfte der Luft.

Düfte: Frische Düfte wie Eukalyptus, Minze, Zitrus und Lavendel entsprechen der Luft.

Pflanzen: Löwenzahn und Schlüsselblumen unterstützen die luftige Magie.

Edelsteine: Der gelbe Edelstein, insbesondere der Citrin und das Tigerauge.

Feuer – das heißblütige Element

Wissenschaftlich betrachtet ist Feuer kein Element, sondern ein Prozess, nämlich die Verbrennung. Aber so genau muss man es in der Magie nicht nehmen. Feuer gehört zu den Urstoffen. Ohne die wärmende, Licht spendende Sonne im genau richtigen Abstand zur Erde wäre auf unserem Planeten kein Leben entstanden. Das Feuer ist Energie. In seiner natürlichen Form war es zunächst kaum zu zähmen, und auch jetzt haben wir es noch immer nicht vollständig im Griff. So wie wir auch manchmal unser Temperament nicht vollständig beherrschen und vor Wut explodieren, flammende Reden halten oder vor Leidenschaft brennen.

Die Themen der Feuermagie sind hauptsächlich die Willenskraft, die Herzenswärme und die Erleuchtung. Mit dem Einsatz dieses Elements können Sie sich durchsetzen, sich selbst und andere begeistern, sich hohen Idealen weihen und die Kraft finden, große Ziele zu verfolgen. Feuer – das strahlende Licht – beleuchtet auch die Bühne des Lebens, und wenn Sie sich irgendwo präsentieren müssen, auftreten müssen, sich oder Ihre Angelegenheiten darstellen wollen, dann benötigen Sie das innere Feuer. Im Übermaß allerdings kann ein willensstarker Auftritt auch schon mal verbrannte Erde hinterlassen.

Die Feuerenergie

Ein übermäßiger Einsatz von Feuermagie kann ausgesprochen negative Folgen haben. Eine zu einseitige Zielfixierung macht blind für die Bedürfnisse anderer, rücksichtslos, waghalsig und herrschsüchtig. Manchmal befindet sich hinter der strahlenden Fassade nichts als Hohlheit. In ihrer besten Form hilft Ihnen die Feuermagie aber voranzukommen, kreative Lösungen zu finden und zu verfolgen, Ausgebranntsein zu heilen und die Leidenschaft anzufachen, menschliche Wärme und Vertrauen zu schaffen.

Analogien und Hilfsmittel

Götter: Wenn Sie mit dem Element Feuer nicht arbeiten wollen, dann versuchen Sie es mit einem zahmen Drachen. Aber auch die

Heiligen Georg und Margarete verkörpern Feueraspekte, der Erzengel Michael mit der Lanze in der Hand tut dies auch. Maria vom Siege, die kämpferische Patronin der Ritterorden, zeigt ebenfalls einen feurigen Aspekt.

Himmelsrichtung: Es entspricht dem Feuer die Himmelsrichtung Süden, die Sonne im Zenit, der Mittag, der Sommer, die Sommersonnenwende und der Vollmond.

Farbe: Feuer hat natürlich die Farbe Rot.

Symbole: Die Symbole des Feuers sind die Stäbe, gleichgültig wie lang oder aus welchem Material sie sind, oder die Lanze. Mit farbigem Licht, Kerzen insbesondere, rufen Sie die Kräfte des Feuers.

Düfte: Kräftige Düfte wie Zimt, Zedernholz und Moschus entsprechen diesem Element.

Pflanzen: Als Pflanzen sind alle roten Blumen und rote Früchte geeignet, aber auch die Brennnessel und das Basilikum.

Edelsteine: Der schwarze Feueropal mit dem eingeschlossenen Blitz symbolisiert das Feuer, aber auch der rote Karneol.

Wasser – das nachgiebige Element

Wasser sucht sich seinen Weg – entweder in Richtung Tal oder so, wie der Mond es bestimmt. Wasser bewegt sich nicht aus eigener Kraft, sondern es wird bewegt. Selbst wenn es plötzlich zu verschwinden scheint, so verfolgt es doch auf seine Art sein Ziel. Am liebsten auf dem Weg des geringsten Widerstandes. Und das kann eben bedeuten, dass es mal versickern muss, sich irgendwo so lange aufstaut, bis der Damm von selbst bricht oder der stete Tropfen den Stein ausgehöhlt hat. Wasser ist ein erstaunliches Element, das viele Geheimnisse birgt und voller Leben ist. Vor allem die Tiefen der Meere und ihre untergründigen Strömungen sind voller Rätsel, und wir erkennen allmählich, welche gewaltigen Auswirkungen sie auf das Klima unseres Planeten haben.

Wassermagie beschäftigt sich mit Geheimnissen, mit der Tiefe, mit dem Verborgenen, kurz, mit dem, was man nicht mit dem Verstand beschreiben, sondern nur in Bildern, Gedichten und Melodien ausdrücken kann. Wasser verbindet und löst, schafft neue Verbindungen, gebiert neues Leben. Doch ein zu tiefes Abtauchen in das große Blau ist gefährlich, manch einem gelingt der Aufstieg nicht mehr, und die Traumwelten gewinnen die Überhand über das Leben in der realen Welt.

Die Wasserenergie

Die magische Wasserenergie kann sich negativ auswirken, und dann drohen das Verschwimmen in Gefühlen, die Überbewertung der eigenen Empfindungen, Selbstmitleid und eingebildete Krankheiten. Auch Ziellosigkeit, Abhängigkeiten und selbst erzeugte Opferhaltungen können dadurch entstehen.

In ihrer positiven Ausprägung weckt die magische Kraft des Wassers tiefes Verständnis für die Welt und die unsichtbaren Beziehungen, die in ihr stattfinden, was bis hin zur Hellsichtigkeit führen kann. Phantasie und alle Arten des künstlerischen Ausdrucks haben ihren Ursprung im Wasser, und damit ist es das kreativste Element überhaupt.

Analogien und Hilfsmittel

Götter: Wenn Sie mit dem Element Wasser nicht arbeiten wollen, dann versuchen Sie es mit den Wassergeistern, den Nixen und Undinen. Wenn Ihnen die Heiligen mehr liegen, empfehlen sich Christophorus, Pantaleon und Erasmus. Der Erzengel Gabriel entspricht dem Element Wasser. Maria, Stella Maris, der Stern des Meeres, ist die wässerige Kraft der christlichen Göttin.

Himmelsrichtung: Es entspricht dem Wasser die Himmelsrichtung Westen, der Sonnenuntergang, der Abend, der Herbst, die Herbsttagundnachtgleiche und der abnehmende Mond.

Farbe: Die Farbe des Wassers ist Blau.

Symbole: Die Symbole des Wassers sind der Kelch und der Gral und alle Dinge, die das Wasser für eine Weile sammeln können. Dazu gehören auch Ihre Hände. Mit Flüssigkeiten, vor allem geweihten, unterstützen Sie die Anrufung der Wasserkräfte.

Düfte: Süße Düfte wie Vanille und Sandelholz sind ebenfalls hilfreich.

Pflanzen: Von den Pflanzen unterstützen Schilfrohr, Iris und Hyazinthen die Wassermagie.

Edelsteine: Hier helfen blaue Edelsteine, insbesondere der Aquamarin. Aber auch Muscheln, Korallen und Perlmutt können eingesetzt werden.

Erde – das fest verwurzelte Element

Die Erde ist so erfreulich einfach zu beschreiben. Wir stehen drauf, wir können sie anfassen, darin herumwühlen, sie formen. Sie ist unser verlässlicher Halt und Schutz. Von ihr stammt unsere Nahrung, auf ihr wächst das Getreide, das Gemüse, reift das Obst. Aber auch die bunten, duftenden Blumen, die Schatten spendenden Bäume, die blühenden Hecken und saftigen Wiesen sind Teil der Erde. Aus Erde haben wir unsere Häuser gebaut, Schutzwälle errichtet, Grenzen gezogen. Zu ihr kehrt der menschliche Körper nach dem Tode zurück.

Erdmagie hat vor allem die Festigkeit, die Beharrlichkeit, das Wachstum und den Schutz zum Thema. Sie ist eine sehr sinnliche Magie und wirkt am besten durch handfeste Symbole – also durch Sympathiemagie, bei der der Gegenstand des Wünschens ganz materiell mit in das Ritual eingebunden wird. Die magische Kraft der Erde wird im Grunde in jedes Ritual mit einbezogen, denn man sollte immer, bevor man eine magische Arbeit in Angriff nimmt, mit einer stabilisierenden Erdung beginnen, um ganz sicher zu vermeiden, dass man den Bezug zur Realität verliert.

Die Erdenergie

Sie hat allerdings auch negative Seiten, die Magie der Erde. Zieht man sich aus Angst vor störenden Geistern hinter zu viele magischen Schutzwällen zurück, behindert man seine eigene Entfaltung. Eine zu feste Verwurzelung im Hier und Jetzt nimmt einem den visionären Blick, die heitere Leichtigkeit und die leidenschaftliche Begeisterung, die das Leben so interessant machen. Zu viel der Erdmagie macht stur, unflexibel und stumpfsinnig. Sie kann auch zu vernichtenden Erdbeben in Ihrem Inneren führen.

Wird die magische Kraft der Erde allerdings im richtigen Maß angewendet, so hilft
sie, innere Ruhe und Gelassenheit zu entwickeln und geduldig das Wachstum jegli-
cher Art zu fördern – das der Kinder, der
Pflanzen, des Kapitals oder der eigenen Seele.
Warme Sinnlichkeit, Mütterlichkeit und
Geborgenheit sind ebenfalls Auswirkungen
einer richtig angewendeten Erdmagie.

Analogien und Hilfsmittel
Götter: Sollten Sie mit dem Element Erde
nicht warm werden, fragen Sie die Gnome
und Zwerge um Hilfe. Der heilige Ägidius
und die heilige Barbara stehen Ihnen auch
gern zur Seite. Der Erzengel Uriel fühlt
sich der Erde sehr verbunden, und Maria im
Ährenkleid ist ebenfalls eine Vertreterin der
Mutter Erde.

54

Himmelsrichtung: Es entsprechen der Erde die Himmelsrichtung Norden, die Mitternachtssonne, die Nacht, der Winter, die Wintersonnenwende und der Schwarzmond.

Farben: Die Farben Grün oder Schwarz symbolisieren die Erde.

Symbole: Die Symbole der Erde sind die Münzen und das Pentagramm, Symbole für Wachstum und Schutz. Mit Edelsteinen und Kristallen laden Sie die Kräfte der Erde bevorzugt ein.

Düfte: Warme Düfte wie Salbei, Patchouli oder Geißblatt entsprechen diesem Element.

Pflanzen: Bei den Pflanzen unterstützen Moose und Farne, Efeu und Eichen die Erdmagie.

Edelsteine: Bei den Kristallen und Edelsteinen sind es die grünen Steine, beispielsweise Malachit, grüne Jade und der Smaragd.

Die magischen Gäste sind keine Unbekannten

Die Rituale der Magie wurden und werden oft für etwas Geheimnisvolles gehalten, das nur denjenigen zugänglich ist, die sich mit den Mysterien auf das Innigste vertraut gemacht haben. In gewisser Weise ist das natürlich richtig, denn es gehört eben mehr dazu, Magie wirkungsvoll zu betreiben, als nur vorgegebene Handlungen nachzuvollziehen. Das Verständnis für die unsichtbaren Kräfte und ihre unterschiedlichen Verkörperungen muss man zuvor entwickelt haben. Aber das ist, wie Sie vielleicht gesehen haben, gar nicht so schwer. Seien Sie ein bisschen aufmerksam, und Sie werden merken, dass Sie von den Symbolen der vier Elemente und der astrologischen Planeten beständig umgeben sind. Sonne und Mond sind allgegenwärtig, ob im sonnigen Urlaub oder bei der Mondscheinpartie, aber auch Zeitungen nennen sich z.B. gerne »Merkur«, Energieschokolade nach dem Kriegsgott, und die Liebesgöttin hat uns die venerischen, die Geschlechtskrankheiten beschert. Wann immer Ihnen diese Namen in Verbindung mit Produkten oder Leistungen begegnen, denken Sie einmal darüber nach, welche hintergründige Bedeutung sie dabei haben. Das Gleiche gilt für die vier Elemente, die sogar noch gegenwärtiger sind. Sehen Sie sich in Ihrer Umgebung um. Allein die Farbgebung wird allenthalben gerne genutzt, um ihre Kräfte zu aktivieren – kühles, beruhigendes Blau für Wasser, brennendes, leuchtendes Rot für das Feuer, kommunikationsförderndes, luftiges Gelb und erdiges Braun oder Grün wecken sofort die entsprechenden Assoziationen. Blaue Wände in Krankenzimmern oder in den Wartezimmern der Ärzte wirken entspannend, alarmierendes Rot weckt die Aufmerksamkeit bei Warnschildern, die gelbe Post befördert immer noch die Briefe, und »grüne« Produkte versprechen ökologische Reinheit. Aber auch um uns zu manipulieren, unser Unbewusstes anzusprechen, werden diese Farben in der Werbung eingesetzt. Je mehr und je aufmerksamer Sie beobachten, wie die Menschen noch immer mit diesen Symbolen umgehen, desto besser wird Ihr Verständnis für das ungebrochene Wirken der magischen Kräfte. Und je besser sie diese verstehen, desto wirkungsvoller können Sie sie in Ihren Ritualen einsetzen.

Teil 2

Die Praxis der Ritualmagie

6. Kapitel

Ritualpraxis

»Es ist nicht genug zu wissen, man muss es auch anwenden.
Es ist nicht genug zu wollen, man muss es auch tun.«

Goethe

Bis hierher haben wir über Handwerkszeug gesprochen, über Abläufe und Hilfsmittel, Techniken und Kräfte. In diesem zweiten Teil des Buches möchte ich über die Anlässe berichten, zu denen magische Rituale eingesetzt werden können und manchmal sogar notwendig sind. Sie finden dazu natürlich auch immer Vorschläge, wie Sie diese Anlässe begehen können. Selbstverständlich sind die von Ihnen dann geplanten und ausgeführten rituellen Abläufe sehr persönliche Handlungen, und es steht Ihnen frei, Sie auch mit Ihren eigenen Ideen zu bereichern.

In dem vorherigen Teil des Buches habe ich Ihnen nur eine Auswahl an Hilfsmitteln vorgestellt, die sich auf die Planeten und die vier Elemente beziehen. Wenn Sie selbst sich einer bestimmten magischen Schule zugehörig fühlen, die mit einem anderen Bezugsrahmen arbeitet, können Sie natürlich auch damit Ihre Rituale gestalten. Dennoch finden Sie in dem ersten Kapitel, das sich mit den Klassikern der Ritualmagie befasst, einige Rituale, die sich über eine lange Zeit in der beschriebenen Form gehalten haben. Es wäre nicht sinnvoll,

daran auch nur einen Buchstaben zu verändern, denn in ihnen sind Symbole, Laute und Gesten nach einem feinsinnigen und sehr sinnvollen Prinzip miteinander verwoben, das an dieser Stelle zu erklären den Rahmen sprengen würde.

Anlässe für Rituale im Leben

Ein Ritual zu begehen sollte einem inneren Bedürfnis entspringen, es setzt die Bereitschaft voraus, die dadurch bewirkten Änderungen oder die eingegangenen Verbindungen mit den höheren Kräften zu akzeptieren. Magische Rituale bewirken Wandlung, und diese treten zum einen an all jenen Stationen im Leben ein, die ein jeder mehr oder minder bewusst durchläuft und daher mehr oder weniger große Hilfe benötigt, sich auf die kommende Phase einzustellen. Die Zeiten dafür liegen zum Teil auf der Hand.

Die Geburt eines Menschen, sein Eintritt in diese Welt, ist nicht nur einschneidend für den Betroffenen, sondern auch für diejenigen, die ihm das Leben geschenkt haben. Das Heranwachsen weist ebenfalls einige markante Wendepunkte auf, an denen das Kind oder der Jugendliche besonderer Führung bedarf – die Einweihung in die nächste gesellschaftliche Position oder den neuen körperlichen und geistigen Verantwortungskreis. Hier ist es gut, wenn verständnisvolle Erwachsene dem jungen Menschen bewusst machen, welche Bedeutung diesen Schritten in der persönlichen Entwicklung zukommt. In ein gemeinsames Ritual eingebunden wird diese Bedeutung sicher tiefer verinnerlicht als im lediglich aufklärenden oder gar mahnenden Gespräch. Im weiteren Lauf des Lebens ergeben sich immer wieder Umbruchzeiten, an denen man selbst innehalten und sich fragen sollte, in welche neue Phase man eintritt. Fragen der Orientierung gibt es immer wieder, überlebte Anschauungen und Rollen, von denen man sich befreien muss, die Auseinandersetzung mit dem voranschreitenden Alter sind Probleme, mit denen sich naturgemäß jeder Mensch auseinander setzen muss. Sich dessen bewusst zu werden ist die Aufgabe des sinnreich gestalteten Rituals. Wann aber diese Rituale stattzufinden haben, das müssen Sie fallweise selbst entscheiden, wenngleich es bestimmte Zeiträume dafür gibt, die, wenn Sie so wollen, durch den Lauf der Sterne bestimmt sind.

Rituale zu festen Terminen

Wir haben die Zeit zwar nicht erfunden, aber wir haben sie messbar gemacht, und jene Weisen, die sich mit den Kreisläufen innerhalb der Zeit auseinander gesetzt haben, erkannten, dass es bestimmte Termine im Jahresverlauf gibt, die förderlich oder im Gegenzug sehr abträglich für besondere Vorhaben sind. Die Wahl des richtigen Zeitpunktes ist eigentlich bei allen Maßnahmen, ob profan oder magisch, von grundlegender Bedeutung. Jemanden auf dem falschen Fuß zu erwischen führt häufig dazu, dass man nicht zum gewünschten Ergebnis kommt, sondern eventuell das Gegenteil erreicht. Zum anderen gibt es dem Leben eine besondere Struktur, sich immer wieder an bestimmten Tagen mit magischen oder kosmischen Kräften zu verbinden, sei es, um sie kennen zu lernen, sei es, um sie zu nutzen. Gemeinsame Rituale an solchen Tagen haben in früheren Jahrhunderten den Rhythmus des Zusammenlebens bestimmt, einige von ihnen haben bis heute überdauert. Manche dieser Rituale sind uralt und finden sich in abgewandelter Form noch immer in unserer Gesellschaft verankert, oft, ohne dass wir uns ihrer bewusst sind. Ob sie aber ihrer Aufgabe noch gerecht werden, sollte man immer mal wieder hinterfragen. Und auch die meist aus gesellschaftlichen Gründen abgehaltenen Rituale, die auf alten heiligen Handlungen beruhen, sollte man auf ihre Stimmigkeit mit dem eigentlichen Anlass durchaus einmal kritisch betrachten und gegebenenfalls abändern. Denn nicht jede Hochzeitsfeier trägt die Magie der Vereinigung in sich, nicht bei jedem Richtfest steht der Segen über das neue Heim im Vordergrund, und nicht bei jeder Geburt finden sich die Feen ein.

7. Kapitel
Klassische Ritualmagie

»[…] Ritualismus ist der geschärfte Sinn für symbolisches Handeln, der sich auf zweierlei Weisen manifestiert: durch den Glauben an die Wirksamkeit institutionalisierter Zeichen und durch die Aufnahmefähigkeit für verdichtete Symbole.«

Mary Douglas

Zum Eingewöhnen stelle ich Ihnen hier erst einmal die Klassiker unter den magischen Ritualen vor, die jeder, der sich für Magie interessiert, zumindest kennen, wenn nicht regelmäßig praktizieren sollte.

Zeremonielle abendländische Magie hat einige Traditionen, und die gründen auf den alten Weisheitslehren der Kabbala. Es werden Anrufungen und Worte der Macht verwendet, die Ihnen zunächst sicher fremd vorkommen. Nicht alles muss man hinterfragen, nicht alles kann man erklären. Machen Sie Ihre eigenen Erfahrungen mit diesen Ritualen, üben Sie das feierliche Aussprechen der hebräischen Namen, und vollziehen Sie die Gesten, die mit ihnen verbunden sind. Sie richten damit keinen Schaden an, im Gegenteil: Sie werden Erkenntnisse sammeln, die in Worten nicht beschrieben werden können. Manchmal sehr schnell, manchmal erst nach einiger Zeit – wie das geschieht, hängt davon ab, wie weit Sie sich auf die Kräfte einlassen, die damit aktiviert werden.

Das kleine bannende Pentagrammritual

Internationales Grundhandwerkszeug eines Magiers ist die Beherrschung des kleinen bannenden Pentagrammrituals, das eine Struktur vorgibt, die im Mittelteil mit einem eigenen Inhalt gefüllt werden kann. Es besteht aus fünf Schritten, die in diesem Fall wortwörtlich eingehalten werden sollten.

Kabbalistisches Kreuz
⊕
Ziehen des Pentagrammkreises
⊕
Anrufung der Erzengel
⊕
Kabbalistisches Kreuz
⊕
Entlassungsformel
der gerufenen Kräfte

Es wird gewöhnlich verlangt, dass die Worte, die darin laut ausgesprochen werden, vibriert werden sollen. Das ist eine wunderliche Anweisung, denn wer vibriert schon gewöhnlich beim Sprechen. Gemeint ist aber keine besondere magische Technik, sondern möglichst feierliche, mit volltönender Stimme gesprochene Laute. Sprechen Sie dabei ruhig sehr langsam. Versuchen Sie das mal, auch wenn es Ihrem Wesen nicht unbedingt entspricht und zudem auch ein wenig pathetisch klingt. Das soll es nämlich.

Kabbalistisches Kreuz

Sie beginnen aufrecht stehend mit Blick nach Osten. Das kann, wenn Sie wissen, wo Sie sich befinden, der räumliche Osten sein oder, wenn Ihnen der Kompass abhanden gekommen ist, der magische Osten. Der ist immer genau vor Ihnen.

✠ Heben Sie die rechte Hand, entweder mit dem magischen Dolch oder nur mit ausgestrecktem Zeige- und Mittelfinger, und ziehen Sie mit ihnen die kosmische Energie von oben auf die Stirn herab. Stellen Sie sich diese Energie als helles Licht vor.

✠ Sprechen – oder, wie die hohe magische Technik es verlangt, vibrieren – Sie das Wort: »*Ateh*«.

✠ Berühren Sie Ihre Brust am Solarplexus, und sprechen Sie laut das Wort: »*Malkut*«.

✠ Berühren Sie die rechte Schulter, und sprechen Sie laut die Worte: »*ve Geburah*«.

✠ Berühren Sie die linke Schulter, und sprechen Sie laut die Worte: »*ve Gedula*«.

✠ Kreuzen Sie die Arme vor der Brust, und sprechen Sie laut die Worte: »*le Olam*«.

✠ Falten Sie die Hände vor der Stirn, ziehen Sie sie zur Brust hinunter, und sprechen Sie: »*Amen*«.

Die Worte, die hier verwendet werden, sind hebräisch und bedeuten:

Ateh	Du bist
Malkut	das Reich
ve Geburah	die Kraft
ve Gedula	die Herrlichkeit
le Olam	in Ewigkeit
Amen	so sei es.

✠ Anschließend ziehen Sie den Pentagrammkreis.

Ziehen des Pentagrammkreises

Beginnen Sie aufrecht stehend mit Blick nach Osten.

✠ Ziehen Sie das erste Pentagramm, indem Sie mit der ausgestreckten Hand an der linken Hüfte beginnen und sie nach oben, bis etwa Stirnhöhe ziehen. Die zweite Linie ziehen Sie von der Stirn zur rechten Hüfte. Die dritte Linie wird von der rechten Hüfte zur linken Schulter gezogen, die vierte von der linken Schulter zur rechten und die fünfte von der rechten Schulter zurück zur linken Hüfte.

Bei dieser Führung der Hand stellen Sie sich vor, dass Ihren Fingern ein helles Licht entströmt und somit ein leuchtendes Pentagramm vor Ihnen entsteht. Ziehen Sie es nicht zu klein.

✠ Durchstoßen Sie das Pentagramm mit einer ruckartigen Bewegung in seiner Mitte, und sprechen Sie laut den Namen: *»Jod-He-Vau-He«*.

✠ Wenden Sie sich mit ausgestreckter Hand im Uhrzeigersinn eine Vierteldrehung nach Süden, und ziehen Sie dort das zweite Pentagramm. Durchstoßen Sie seine Mitte, und sagen Sie laut: *»Ah-do-nai«*.

✠ Drehen Sie sich nach Westen, und ziehen Sie dort das dritte Pentagramm. Durchstoßen Sie das Pentagramm mit den Worten: *»Eh-he-yee«*.

✠ Wenden Sie sich ein viertes Mal um neunzig Grad, und schlagen Sie in Richtung Norden das Pentagramm. Durchstoßen sie es mit den Worten: *»Ah-glah«*. Mit ausgestreckter Hand schließen Sie nun den Kreis, indem Sie sich weiter nach Osten drehen.

Die hierbei verwendeten Namen und Worte bedeuten:

Jod-He-Vau-He,
   JHVH   Der, der ist
   Adonai   Der Herr
   Eheyeh   Ich bin,
                  der ich bin

AGLA,
   Athath gibor   Du bist mächtig
   leolam Adonai   in Ewigkeit,
                  o Herr.

✠ Anschließend erfolgt die Anrufung der vier Erzengel aus den vier Himmelsrichtungen.

Erzengelanrufung

Stehen Sie aufrecht Richtung Osten, und breiten Sie beide Arme weit aus, so dass Ihr Körper ein Kreuz bildet. Sehen Sie sich selbst als gleichschenkeliges schwarzes Kreuz, in dessen Mitte eine rote Rose erblüht.

✠ Rufen Sie: *»Vor mir Raphael!«*, und stellen Sie sich den Engel als große menschenähnliche Gestalt vor. Er trägt ein gelb-orangefarbenes Gewand, das im Wind weht. Fühlen Sie aus dem Osten einen Windhauch über sich streifen.

✠ Rufen Sie: *»Hinter mir Gabriel!«*, und stellen Sie sich diesen Erzengel als blau gewandete Gestalt vor, die eine Lilie und einen Kelch trägt. Hören Sie hinter sich Wasser plätschern.

✠ Rufen Sie: *»Zu meiner Rechten Michael!«* Stellen Sie sich den Herren des Südens als leuchtend rot gekleidete Gestalt mit einem Flammenschwert in der Hand vor. Von rechts spüren Sie seine Hitze.

✠ Rufen Sie: *»Zu meiner Linken Uriel!«* Dieser Engel erscheint in einem braunen, erdfarbenen Gewand und einer Ährengarbe im Arm. Fühlen Sie durch ihn die Festigkeit der Erde.

✠ Denken Sie wieder an den Kreis aus Pentagrammen, den Sie zuvor gezogen haben, und sprechen Sie: »*Um mich herum flammende Pentagramme; über mir strahlt der sechszackige Stern!*«

✠ Stellen Sie sich über Ihrem Kopf das golden erstrahlende Hexagramm vor, zwei ineinander geschobene gleichseitige Dreiecke.

✠ Ziehen Sie noch einmal das kabbalistische Kreuz wie zuvor beschrieben.

Bis hierher haben Sie nun eine klassische zeremonielle Einleitung für jedes magische Ritual, dessen Inhalt nun durch Sie bestimmt wird. Das kleine bannende Pentagrammritual schützt vor störenden Einflüssen und hilft Ihnen, wenn Sie es gut beherrschen, sich ausschließlich auf die magische Arbeit zu konzentrieren. Wenn diese abgeschlossen ist, wiederholen Sie das Pentagrammritual noch einmal in gleicher Weise, fügen aber dann die Entlassungsformel für die angerufenen Kräfte hinzu.

Entlassungsformel

Sprechen Sie nach dem letzten kabbalistischen Kreuz folgende Formel: »Hiermit entlasse ich alle Wesen und Energien, die durch dieses Ritual gebannt wurden. Zieht hin in Freiheit – Friede herrsche zwischen euch und mir!«

Das Exerzitium der mittleren Säule

Auch diese magische Übung basiert auf der Kabbala, obwohl sie nicht unbedingt tiefe Kenntnis des Lebensbaumes voraussetzt. Sie können dieses Exerzitium ohne Gefahr durchführen, um diejenigen kosmischen Energien aufzunehmen, die Ihren eigenen, jedoch meist verborgenen Energien gleichen. Das ist insofern günstig, weil Sie damit keine Fremdlinge einladen. Sie verstärken lediglich Ihre eigene Kraft, und damit stärken Sie sich selbst. Beginnen Sie damit, dass Sie sich entspannen und sich von äußeren Einflüssen zurückziehen. Und dann ist wieder Ihre Vorstellungskraft gefordert.

✠ Visualisieren Sie eine strahlend weiße Kugel aus Licht, die direkt oberhalb des höchsten Punktes Ihres Kopfes (dem Scheitel-Chakra) rotiert. Vibrieren, d.h., sprechen Sie laut und feierlich: »*Eheyeh*«.

✠ Lassen Sie die Laute in sich nachschwingen und dabei das Licht der ersten Kugel langsam nach unten fließen. Stellen Sie sich in Höhe des Kehlkopfes eine zweite rotierende Lichtkugel vor. Sprechen Sie laut und mit innerer Bewegung die Worte: »*Jehova Elohim*«.

✠ Stellen Sie sich vor, wie das Licht aus der zweiten Kugel langsam Richtung Herzhöhe oder Solarplexus fließt und dort eine dritte Lichtkugel bildet. Intonieren Sie die Machtworte: »*Jehova aloah va daath*«.

✥ Lassen Sie das Licht in Ihren Bauch fließen, wo es sich unterhalb des Nabels zu einer vierten sich drehenden Kugel formt. Vibrieren Sie die Worte: »Shaddai el Chai«.

✥ Nun lassen Sie das Licht bis unter Ihre Fußsohlen fließen, und dort stehen Sie dann auf der fünften Kugel aus reinem, weißem Licht. Sprechen Sie laut und feierlich: »Adonai ha aretz«.

✥ Nun haben Sie eine Säule aus fünf sich drehenden Lichtkugeln geschaffen, deren Drehachse Ihre Wirbelsäule ist. Sie können diese Säule als Energiekanal betrachten. Als Nächstes setzen Sie den so erzeugten Energiestrahl in Bewegung, indem Sie beim Einatmen die Energie von der Scheitelkugel bis nach unten unter die Fußsohlen fließen lassen und beim Ausatmen wieder zurück von den Füßen nach oben strömen lassen. Wiederholen Sie diesen Vorgang einige Male.

✥ Dann lassen Sie das Licht beim Einatmen von oben über die linke Schulter an Ihrer Körperaußenseite nach unten fließen und auf der rechten Körperseite beim Ausatmen wieder nach oben aufsteigen. Wiederholen Sie auch das einige Male.

✥ Als Letztes lassen Sie beim Einatmen das Licht über Ihr Gesicht vorn an Ihrem Körper hinunterfließen und beim Ausatmen am Rücken wieder aufsteigen. Wiederholen Sie den Vorgang einige Male. Sie sind nach dieser Übung voller Energie, die Sie für jede magische Handlung einsetzen können.

Achtung: Wenn Sie sich auf diese Weise für die kosmischen Energien geöffnet haben, müssen Sie sie auch einsetzen. Haben Sie dieses Exerzitium nur gemacht, um sich darin zu üben, müssen Sie sich anschließend unbedingt erden, denn ansonsten werden Sie Ihrer Umwelt vermutlich vollkommen überdreht begegnen. Und das kann zu unliebsamen Erfahrungen führen. Also knien Sie nieder, drücken Sie die Stirn an den Boden, und geben Sie Mutter Erde die Kraft ab, die Sie von oben aufgenommen haben. Sie kann sie gebrauchen. Oder ganz praktisch – machen Sie die fälligen Gartenarbeiten!

Und hier die Bedeutung der hebräischen Machtworte, die Sie intoniert haben:

Eheyeh	Ich bin, der ich bin
Jehova Elohim	Gott ist weiblich und männlich
Jehova aloah va daath	Der alles wissende Gott
Shaddai el Chai	Der Herr des Lebens
Adonai ha Aretz	Der Herr der Erde

Die Sephirot

Für diejenigen unter Ihnen, die sich schon mit der Kabbala beschäftigt haben, bedeutet das Exerzitium der mittleren Säule, dass Sie die Sephirot aktiviert haben, die sozusagen den Stamm des Lebensbaumes bilden:

Die erste Kugel entspricht Kether, der Krone, dem Geist. Und ihre Farbe ist und bleibt ein strahlendes Weiß.

Die fünfte Kugel entspricht Malkut, dem Reich, der Erde, und sie glänzt schwarz. Sie können dieses Exerzitium erweitern, indem Sie sich die Kugeln in der entsprechenden Farbe vorstellen.

Praktischer Einsatz der klassischen Rituale

Wenn Sie die Klassiker beherrschen, können Sie Ihr Ritual immer in folgender Reihenfolge ablaufen lassen:

1. Kleines bannendes Pentagrammritual ohne Entlassungsformel zum Erden, Schützen und Konzentrieren.

2. Exerzitium der mittleren Säule, um die magische Kraft zu rufen.

3. Durchführen der von Ihnen gewünschten magischen Operation.

4. Kleines bannendes Pentagrammritual mit Entlassungsformel als Abschluss.

Doch bedenken Sie auch: Magie ist nicht dogmatisch. Wenn Ihnen die geschilderte Form nicht liegt, dann gibt es eine Reihe von Alternativen. Wählen Sie die, bei der Sie sich wohl fühlen und die Ihnen dem Anlass entsprechend angemessen erscheint. Allerdings sollten Erdung, Schutz, Konzentration, Anrufung und Entlassung immer Bestandteil des Rituals sein, in welcher Form auch immer. In den im folgenden Kapitel vorgestellten Ritualvorschlägen finden Sie die verschiedenen Möglichkeiten beschrieben. Widmen wir uns jetzt den Stationen des Lebens und ihren Stolperschwellen.

Die zweite Kugel entspricht Daath, dem Abgrund, der nie gezeigt wird. Ihre Farbe ist Lavendel.

Die dritte Kugel entspricht der Sephira Tipheret, der Schönheit, dem Opfer; sie leuchtet golden.

Die vierte Kugel entspricht Jesod, dem Fundament, dem Tor zum Bewusstsein, und sie erstrahlt purpurrot.

8. Kapitel

Rituale im Lebenszyklus

»Man braucht nur einen in einer Entwicklung begriffenen Menschen zu beobachten und sieht: die äußeren Umstände seines Lebens passen sich stets unmittelbar seinen inneren psychischen Veränderungen an.«

Liz Greene

Das Leben hat so seine Stolperschwellen. Das haben Sie sicher schon erfahren. Meist erheben sie sich scheinbar unerwartet, und dann kann es sein, dass man dabei auf die Nase fällt. Doch eigentlich kommen diese Schwellen – oder Prüfungen – gar nicht so aus heiterem Himmel. Mit ein wenig Einfühlungsvermögen in die kosmischen Rhythmen, diesen Schwingungen des Makrokosmos, dem auch wir in unserem Mikrokosmos bis zu den Zellen unseres Körpers unterliegen, kann man sie zumindest kommen sehen, kann man sich der eigenen Entwicklungsstufen bewusst werden und sich darauf einstellen. Und je weniger Angst Sie vor der eigenen Entfaltung haben, je freudiger Sie das Abenteuer angehen, die nächste Tür zur persönlichen Ganzheit zu öffnen, desto leichter werden Ihnen die Prüfungen fallen. Die Unvorbereiteten, die Ängstlichen und die unbewusst Lebenden aber werden stolpern. Die rituellen Feste, zeremoniell begangene Übergänge von einem Stadium zum nächsten, sind Thema dieses Kapitels.

Saturn – Vater der Zeit und Wächter der Schwelle

Saturn hat alle sieben Jahre ein besonderes Auge auf den Menschen. Der biologische Entwicklungsprozess des Lebens entspricht ebenfalls diesem Rhythmus. Gut, man kann nicht die Uhr danach stellen, mal sind es sechseinhalb, mal beinahe acht Jahre, aber ungefähr in diesem Schwankungsbereich verändern sich vor allem in jungen Jahren die körperlichen Attribute und in den späteren Jahren die geistige und seelische Entfaltung. Die Position des Saturn im Horoskop zur Geburtsstunde zeigt meistens die Bereiche im Leben an, die nicht so einfach zu bewältigen sind. Es sind die Herausforderungen, an denen der Mensch wachsen kann, wenn er sie annimmt, und an denen er scheitern kann, wenn er versucht, sie zu umgehen. Saturn ist – wie im Märchen von Dornröschen – die dreizehnte Fee, die nicht zur Taufe eingeladen wurde und daher dem Kind statt eines Segenswunsches einen

Fluch mit auf den Weg gab. Beginnen wir mit dem Anfang des Lebens, der Geburt, der Stunde null.

Die Stunde null

Bekannt ist Ihnen das Ritual der Namensgebung durch die kirchliche Taufe. Und sofern die Eltern verantwortungsbewusst sind, wird das Kind dabei auch einen sinnvollen Namen erhalten und mit ihm in die Gemeinschaft der Familie aufgenommen werden. Gelegentlich wird das junge Menschlein dadurch auch in die Gemeinschaft der Gläubigen aufgenommen. Eine Namensgebung kann aber nicht nur kurz nach der Geburt erfolgen, sondern sie geschieht auch während des Lebens hin und wieder. Namen sind wichtig, denn sie bedeuten Identität. Der Name ist ein oft wiederholtes Mantra, mit dem ein Mensch ständig gerufen wird – sanft oder mahnend, liebevoll oder gehässig. Er formt den Charakter, und darum ist er auch magisch. Sowohl das Ritual der Namensgebung nach der Geburt als auch die Namensgebungen im Laufe des Lebens sind überaus wichtige Momente und müssen gut durchdacht sein. Das Schlimmste, was man einem Menschen antun kann, ist, ihm einen falschen Namen zu geben. Geradezu verwerflich ist es, einem Kind einen Modenamen zu geben, der gerade eben als schick gilt. Genauso sind hochtrabende Namensgebilde, die Bildung oder exzentrische Neigung der Eltern widerspiegeln, eine Belastung für ein Kind. Oder möchten Sie wirklich gerne Otto-Max Bruch-

binder oder Herakles-Spiderman Schmitz heißen?

Es ist in anderen Kulturen durchaus üblich, einen Kindernamen und einen Erwachsenennamen zu führen, und wenn man es recht betrachtet, halten wir es in sehr vielen Fällen auch so. Das Kind – Maximilian oder Alexandra getauft – wird sich selbst Maxi und Lexi nennen, wenn es noch sehr klein ist und sich bei seinen ersten Sprechversuchen mit den vielen Silben herumquälen muss. Die Mutter mag Mausebärchen oder Zuckerschnütchen in sein Ohr murmeln, je nachdem, wie phantasievoll sie ist. Später, vor allem in der Pubertät, kommen Spitznamen dazu, entweder abgeleitet vom eigentlichen Namen, viel häufiger aber bezogen auf bestimmte Eigenschaften, die besonders deutlich hervortreten. Manchmal bleiben diese Namen ein Leben lang an einem Menschen hängen, und der eigentliche Taufname geht fast verloren. Gut und wichtig ist es, vor allem den verkürzten, verniedlichenden Namen irgendwann abzulegen und in einen Erwachsenennamen hineinzuwachsen. Das kann durchaus mit einem Ritual verbunden sein.

Ritual: Der Besuch der Feen

»Das Fest ward mit aller Pracht gefeiert, und als es zu Ende war, beschenkten die weisen Frauen das Kind mit ihren Wundergaben: die eine mit Tugend, die andere mit Schönheit, die dritte mit Reichtum, und so mit allem, was auf der Welt zu wünschen ist. Als elfe ihre Sprüche eben getan hatten, trat plötzlich die dreizehnte herein ... «
Grimms Märchen, Dornröschen

Das Fest der Namensgebung ist wichtig, und die Vorbereitung sollte sorgfältig erfolgen. Zum einen sollten Sie die Bedeutung des Namens wissen. Es gibt unzählige Vornamenbücher, in denen die wichtigsten Bedeutungen und historischen Verbindungen dargestellt werden. Zum anderen sollten Sie aber auch das Lautmalerische nicht vergessen. Sprechen Sie die zur Auswahl stehenden Namen laut aus, und zwar mit den unterschiedlichsten Gefühlen. Kann man ihn zärtlich flüstern? Kann man ihn befehlend aussprechen? Klingt er zusammen mit dem Nachnamen harmonisch?

Zeichen	Zeitraum	Planet
Widder	21.03. – 21.04	Mars
Stier	21.04. – 21.05.	Venus
Zwillinge	21.05. – 22.06.	Merkur
Krebs	22.06. – 23.07.	Mond
Löwe	23.07. – 23.08.	Sonne
Jungfrau	23.08. – 23.09.	Merkur
Waage	23.09. – 24.10.	Venus
Skorpion	24.10. – 23.11.	Mars/Pluto
Schütze	23.11. – 22.12.	Jupiter
Steinbock	22.12. – 21.01.	Saturn
Wassermann	21.01. – 20.02.	Saturn/Uranus
Fische	20.2. – 21.03.	Jupiter/Neptun

Vorbereitung: Für dieses Ritual sollten Sie durchaus ein richtiges Familienfest planen, denn mit der Namensgebung wird das Kind seinen Verwandten vorgestellt. Symbolisch richtig sind natürlich dreizehn Gäste für die dreizehn Feen. Wenn das nicht geht – stellen Sie wenigstens dreizehn Stühle auf.
Zeit: Sonntags.
Hilfsmittel: Das Geburtshoroskop. Die Sonne stand im Augenblick der Geburt in einem bestimmten Sternzeichen, sie bestimmt die Persönlichkeit, die der neue Mensch entwickeln wird. Doch die Sterne bestimmen nicht das Leben, sie machen nur geneigt, sich entsprechend zu verhalten. Und so sollten Sie sich also mit dem Sternzeichen und seinem Planetenherrscher auseinander setzen, in dem die Geburtssonne Ihres Kindes steht. Wenn Sie ihm bei der Namensgebung einen Wunsch auf den Weg geben, dann denjenigen, dass es die positiven Eigenschaften des bestimmenden Planeten bzw. Zeichen anneh-

men möge und den negativen zu widerstehen lerne. Prüfen Sie auch, in welchem Zeichen Saturn sich befindet, denn das ist der Hinweis auf das Lernprogramm des Lebens. Bereiten Sie Zettel für die Gäste vor, auf denen die positiven und die negativen Eigenschaften stehen, und geben Sie jedem der Anwesenden einen davon. Wenn Sie die Mutter sind, bestimmen Sie jemanden, der für Sie die Anweisungen erteilt, sozusagen den Zeremonienmeister.

Ritualablauf: Wie Sie gewöhnlich Familienfeste organisieren, wissen Sie selbst am besten. Doch gestalten Sie das Fest dem Anlass entsprechend würdevoll und ohne kindisch bunten Krimskrams. Wenn alle versammelt sind, sollten Sie einen Kreis bilden, in dem Mutter und Kind den Mittelpunkt bilden. Derjenige, der das Ritual leitet, kann nun – und das müssen Sie abhängig von der Toleranz der Anwesenden machen – die magische

Einleitung mit dem Ziehen des magischen Kreises und der Anrufung der göttlichen Kräfte durchführen. Wenn es dadurch zu Unstimmigkeiten, Ablehnung oder Gekicher bei den Gästen kommen könnte, sollte sich dieser Teil des Rituals auf einige stumme und schlichte Gesten beschränken. Etwa das Ziehen des Kabbalistischen Kreuzes und das Heben der Hände, um die Energie in den Kreis zu leiten. Die Mutter selbst oder der Ritualleiter stellt nun das Kind mit seinem vollständigen Namen der Gruppe vor und heißt es willkommen. Dann werden die einzelnen Familienmitglieder und/oder Freunde gebeten, das Kind namentlich zu begrüßen und ihm ihre Segenswünsche mit auf den Weg zu geben, die Sie zuvor zusammengestellt haben. Möchte einer von Ihren Gästen dem noch etwas besonders Herzliches hinzufügen, sollten Sie ihm nicht den Mund verbieten. Einer sollte dem Kind auch eine negative Eigenschaft wünschen, denn an der Herausforderung, die diese Schwäche darstellt, wird es später erstarken müssen. Den letzten Segenswunsch sprechen die Eltern. Wenn Sie möchten, können Sie gemeinsam ein Gebet sprechen oder singen. Danach hebt der Ritualleiter den Kreis auf. Und anschließend sollten Sie sich zu einem gemeinsamen Mahl zusammensetzen. Essen erdet.

Der magische Name

Irgendwann findet man seinen wahren Namen, und der ist magisch, denn bei ihm rufen uns die Götter. Nicht die Menschen. Tragen Sie einmal die Namen zusammen, mit denen Sie, seit Sie sich erinnern können, gerufen wurden, mit denen Sie sich selbst anderen vorgestellt haben, mit denen Sie auf der Bühne standen oder Veröffentlichungen gezeichnet haben. Derzeit ist es üblich, sich in den Chatrooms des Internets Nicknames, also Spitznamen, zu geben, und das wird mit offensichtlicher Begeisterung verfolgt. Auch Rollenspiele unterschiedlichsten Inhalts werden betrieben, in denen die Mitspieler neue Namen und Identitäten entwickeln. Der Trend zum Zweitnamen scheint gewaltige Ausmaße anzunehmen.

Namen sind bedeutsam, und in der Magie heißt es: Was man mit Namen benennen kann, das kann man auch beherrschen. Diesen Grundsatz hat man bei der Beschwörung von Dämonen angewandt. Aus diesem Grund sucht man seinen wahren Namen auch in sich selbst und gibt ihn nicht preis, denn er kennzeichnet Ihren Wesenskern, das, was Sie wirklich ausmacht. Es lohnt sich wahrhaftig, nach ihm zu forschen.

Frühe Kindheit

Von der Geburt bis etwa ins siebte Jahr wächst das Kleinkind zum Kind heran. Es lernt das menschliche Basiswissen: den aufrechten Gang und allmählich die Feinmotorik, das Sprechen und erste Abstraktionen und auch die Gesetze des Zusammenlebens. Das Kind begreift sich mehr und mehr als Individuum und erkennt seine Position in der Welt – naturgemäß zunächst einer ziemlich kleinen, meist familiär begrenzten Welt. Der erste Schritt in die größere Welt hinaus beginnt bei uns mit dem ersten Schultag. Plötzlich sind andere Autoritäten da, wird neuer Stoff zum Nachdenken geboten, muss sich der kleine Mensch selbstständig mit anderen – fremden – Menschen auseinander setzen.

Wenn Sie Kinder haben, werden Sie sicher den Eintritt in die Schule entsprechend würdigen oder gewürdigt haben. Nicht nur mit Bergen von Süßigkeiten in einer Schultüte, sondern auch mit einer sinnvollen Geste. Es ist nicht nur ein Akt für den Schulanfänger, sondern auch ein wesentlicher Einschnitt für die Eltern, meist die Mutter, die hier eine Trennung von ihrem Kind erfährt. Nicht nur, dass sich die Tagesroutine anschließend ändert. Die neugebackene Schülerin, der Schüler, bringt plötzlich unerwartete Ideen und Ansichten mit nach Hause, wird von anderen Menschen gelobt, gerügt, gefördert oder verärgert, entwickelt ein eigenes Leben aus Aufgaben und Verpflichtungen und will sich auf einmal auch nicht immer in alle Hefte blicken lassen.

Ritual: Erster Abschied

»Kinder besitzen oft eine Art natürlicher Weisheit, die angeborene Fähigkeit, den gegenwärtigen Augenblick zu nützen und zu schätzen. Sie phantasieren manchmal Dinge herbei, für die Erwachsene keine Antenne haben, etwa Engel oder imaginäre Spielgefährten.«
Joan Borysenko

Mit sieben Jahren lebt ein Kind noch in seiner eigenen magischen Welt, es ist nicht schwer, darin eine symbolische Handlung einzubetten. Sie selbst wissen (hoffentlich), welche Geistwesen Ihr Kind begleiten – Elfen, Schutzengel, Zwerge, unsichtbare Haustiere und was sonst noch so die Kinderseele sieht, die diese und die andere Welt noch nicht immer deutlich zu trennen weiß. Lächeln Sie nicht darüber, auch Sie haben einst einen Schutzengel gehabt oder einen magischen Freund, mit dem Sie Ihre Abenteuer erlebt haben. Versuchen Sie herauszufinden, wem Ihr Kind vertraut. Und dann schaffen Sie daraus ein Ritual, mit dem Sie sich und Ihrem Kind den Übergang in das neue Leben erleichtern. Und erinnern Sie sich daran: Ein Ritual ist ein Kunstwerk!

Ort: Arbeitszimmer Ihres Kindes oder dort, wo es sich mit seinen geistigen Freunden zu treffen pflegt.
Zeit: Samstags in der Dämmerung, kurz vor dem ersten Schultag.
Hilfsmittel: Ein Bogen ganz besonderen Papiers, nicht mit bunten Comicfiguren, sondern mit ruhigen Mustern, aber in ausgefallener Qualität; vielleicht sogar Pergament oder Papyrus. Ein edler Stift (der auf dem Papier auch schreibt, ohne zu klecksen oder zu reißen!), ein fester Umschlag und (Siegel-) Wachs. Ein kleines Symbol, das den anderweltlichen Freund Ihres Kindes darstellt. Elfen mögen Blumen, Engel lassen manchmal weiße Federchen aus ihren Flügeln fallen, auch Traumtiere hinterlassen schon mal ein Schnurrhaar – versuchen Sie herauszufinden, was es sein könnte, oder bitten Sie Ihr Kind um ein Zeichen. Um eine feierliche Raumat-

mosphäre herzustellen, können Sie eine Kerze entzünden, Blumen verteilen und ein wenig Duftöl oder Räucherwerk verwenden, das Ihnen angenehm ist.

Ritualablauf: Das Zimmer räumen Sie mit Ihrem Kind gemeinsam vorher auf und putzen es. Erzählen Sie dabei, dass es wichtig ist, jetzt z.B. altes Babyspielzeug wegzugeben, um Platz für Bücher und wahrscheinlich auch den PC zu schaffen. Diese Handlungen entsprechen der Reinigung. Schmücken Sie dann den zukünftigen Arbeitsplatz mit Blumen und Kerzen, und legen Sie das Symbol bereit, das dem geistigen Helfer Ihres Kindes entspricht. Mit einigen tiefen Atemzügen sollten Sie sich selbst erden und zentrieren, Kinder brauchen das noch nicht. Sie dürfen noch zwischen den Welten tanzen. Jetzt noch. Später wird sich das ändern. Machen Sie die Tür hinter sich zu, damit Sie mit Ihrem Kind ungestört sind, und dann beginnt der inhaltliche Teil des Rituals. Bitten Sie Ihren Sohn oder Ihre Tochter, Ihnen einen Brief an seinen geistigen Freund zu diktieren, in dem alles das steht, was es sich von der Schule – dem neuen Leben – erwartet. Das Schöne und das, was Angst macht.

Denken Sie daran – Sie übernehmen die Aufgabe der Priesterin oder des Priesters, des Mittlers zwischen dem jungen Menschen und den höheren Mächten. Handeln Sie entsprechend würdevoll. Lachen Sie also über nichts, und ziehen Sie nicht die Stirn kraus über das, was Sie schreiben sollen.

Falten Sie den Brief ordentlich zusammen, stecken Sie ihn zusammen mit dem Symbol des geistigen Führers in den Umschlag, und versiegeln Sie ihn. Versichern Sie, dass dieses Schreiben sorgfältig übermittelt wird (und verwahren Sie es später gut).

Sprechen Sie einen Segen über Ihr Kind, mit Worten, die Ihnen Ihr Herz eingibt. Ein Segen ist nichts anderes, als einem anderen etwas wirklich Gutes zu wünschen und dabei, wenn das zu Ihrer Einstellung gehört, um göttlichen Beistand zu bitten.

Beschließen Sie das Ritual damit, dass Sie sich mit Ihrem Kind noch ein wenig über das neue Leben, die zu erwartenden Anforderungen und vielleicht auch Ihre eigene Rolle darin unterhalten.

Diese Phase umfasst die Ablösung vom Kleinkind und die Begrüßung des heranwachsenden Kindes mit seiner ersten eigenen Verantwortung. Das sollten Sie anschließend berücksichtigen, wenn Ihr Kind von seinem ersten Schultag nach Hause kommt und voll mit neuen Eindrücken die Schwelle zu Ihrer Wohnung überschreitet.

Kindheit

Sie sollten sich, ob Sie nun Kinder haben oder nicht, an dieser Stelle einmal zurückerinnern und aus diesen Erinnerungen die Erfahrungen herausarbeiten, die für Sie bis heute Gültigkeit haben. Das fördert das Verständnis für die Jugendlichen ungemein. Es gibt keine Phase im Leben, in der der Körper derartige Purzelbäume schlägt. Sei es, weil das Wachstum zu beständigen Veränderungen führt, sei es, weil der aufgerührte Hormoncocktail Körper, Geist und Seele in

Verwirrung versetzt, sei es, weil die Umwelt immer neue Forderungen stellt. Der magische Kinderglaube ist abhanden gekommen, und vielfach klafft hier eine furchtbare Lücke, die gefüllt werden will, denn es ist das Alter, in dem man sich nach Idealen sehnt. Ersatz wird oft in Schwärmereien bis hin zur fanatischen Verehrung von Stars und Medienhelden gesucht. Das Eintreten der Pubertät ist etwa mit 13 bis 14 Jahren fällig, und das ist eine der Schwellen im Leben, die besonders zum Stolpern einlädt, gerade weil so viele Weichen neu gestellt werden. Es liegt vor allem an den Eltern, welchen Halt die Heranwachsenden in dieser Zeit haben. Wertesystem, Regeln und Ordnung, Weltbild und Traditionen werden im Elternhaus festgelegt. Zumindest sollte es so sein. Wenn dem, aus welchen Gründen auch immer, nicht so ist, dann wirken Schule, Vereine, Glaubensgemeinschaften, Nachbarschaft und/oder Freundeskreise in dieser Hinsicht bildend.

In alten Traditionen und bei Naturvölkern sind hier höchst einschneidende Übergangsrituale vorgenommen worden. Oft erscheinen sie schrecklich, sind mit Schmerzen und Torturen verbunden, mit Einsamkeit, Askese und manchmal sogar körperlichen Verstümmelungen. Es sind symbolische Vorbereitungen auf ein hartes Erwachsenendasein. Doch darin enthalten ist auch immer die Sinnsuche – Vision Quest, die Frage danach, wie sich der junge Mensch sein zukünftiges Dasein vorstellt. Hat er die Antwort gefunden, hat er die Kindheit hinter sich gelassen und wird er in die neue Gemeinschaft, in die der Männer und Frauen, aufgenommen.

Gerade hier wären helfende Rituale bei uns heute wichtig. Und zwar nicht solche, die man mit sich allein begeht, wie das in späteren Jahren machbar ist, oder solche, die man mit kleinen Kindern in traulicher Atmosphäre innerhalb der Familie abhält, sondern hier muss die Gruppe wirken. Denn Erwachsenwerden heißt auch, sich den anderen gegenüber beweisen. Darum veranstalten manche Gruppen von Jugendlichen auch ihre eigenen, oftmals höchst gefährlichen Rituale und ebenso gefährliche Spielereien mit den magischen Kräften. Um es ganz klar zu sagen – Magie ist nichts für diese Altersgruppe, denn der Missbrauch ist vorprogrammiert, solange kein verantwortungsvoller Lehrer die Beschäftigung damit überwacht. Was Sie aber innerhalb der Familie tun können, ist zumindest den Übergang in den neuen Lebensabschnitt zu feiern. Das ist bei Mädchen das Einsetzen der ersten Monatsblutung und bei Jungen etwa der Zeitpunkt, in dem deutlich hörbar die Stimme bricht.

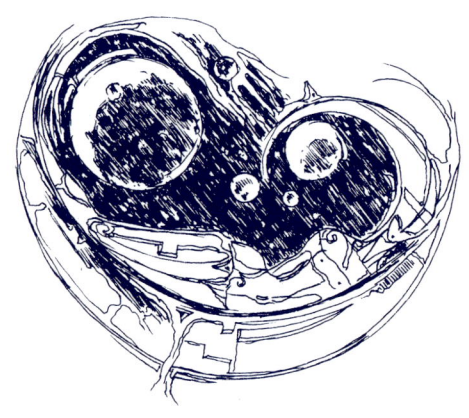

Ritual: Die Macht des Mondes

»In der Pubertät synchronisiert sich der Körper einer heranwachsenden Frau genauestens mit den Energiezyklen des Mondes. Untersuchungen haben gezeigt, dass die Empfängnisraten (und damit die Ovulation) bei Vollmond oder am Tag davor den Gipfel erreichen ... «
Joan Borysenko

Noch ist der junge Mensch nicht in der Lage, sein eigenes Ritual zu gestalten, es bedarf immer noch der Führung durch einen Mittler. In diesem Fall sollte eine Mutter oder eine mütterliche Freundin – auf jeden Fall aber eine weibliche Person – die Rolle der Priesterin übernehmen. Wenn Sie eine Tochter haben, ist ein Mondritual eine mögliche Hilfe für den Übergang. Bereiten Sie sich darauf vor, es zu leiten. Dazu sollten Sie sich zuallererst – sofern Sie nicht schon mit der Thematik vertraut sind – über den Einfluss des Mondes auf das irdische Leben informieren. Natürlich mit besonderem Schwerpunkt auf die weiblichen Rhythmen. Wie sich gezeigt hat, fällt bei den meisten Frauen der Beginn der Monatsblutung auf den Tag des Schwarzmondes. Die höchste Empfängnisbereitschaft, der Eisprung, liegt in den Tagen um den Vollmond. Sie dürfen das bei sich natürlich auch einmal überprüfen.

Zusätzlich sollten Sie zum Mond auch noch die eine oder andere Erzählung oder ein Gedicht heraussuchen. Oder Sie schreiben es gar selbst. Vielleicht entdecken Sie ein neues Talent an sich. Sie können aber auch das folgende Gedicht verwenden:

Sie

Neumond

Ewige Jungfrau, lieblich und rein!
Jungfrau der Quelle, Jungfrau im Hain!
Rose des Morgens, funkelnd im Tau,
göttliche Tochter, erwachende Frau.

Vollmond

Mutter des Werdens, Mutter des Lichts!
Mutter der Formen, Empfängnis des Nichts!
Wachsendes Leben aus Feuer und Blut,
Schutz und Umarmung, in der alles ruht.

Abnehmender Mond

Herrin der Träume, Herrin vom See!
Herrin des Zwielichts, verlockende Fee!
Stern in der Dämmerung, von Nebel verhüllt,
Geheimnis der Frauen, von Zauber erfüllt.

Schwarzmond

Mutter der Dunkelheit, Mutter der Nacht!
Mutter der Einsamkeit, Mutter der Macht!
Meer voller Tränen, Meer voller Leid,
Mutter der Bitternis, Mutter der Zeit!

Ansha

Ort: Ein stilles, mondbeschienenes Gewässer wäre natürlich von höchst magischer Stimmung, ein Weidenbaum mit hängenden Ästen, ein Matronenstein im Park, eine stille Wiese ebenfalls. Geben Sie sich ein wenig Mühe, einen solchen Platz zu finden. Richten Sie zudem ein Eckchen in Ihrer Wohnung so her, dass Sie sich ganz mit der Initiantin zurückziehen können.

Zeit: Bei Mondschein, abends.

Hilfsmittel: Weiße und rote Blumen, weiße und rote hohe Kerzen, Sandelholz als Räucherwerk, ein Kelch mit rotem Traubensaft oder Rotwein. Ein Geschenk, das diesem Anlass würdig ist: ein Perlenanhänger, ein kleiner Mondstein, ein silbernes Mondamulett, ein Schmuckstück in Schmetterlingsform (Symbol der Wandlung, des aus der Puppe geschlüpften Falters!) oder was Ihnen sonst Bedeutsames einfällt. Kein Geld!

Ritualablauf: Richten Sie in der Wohnung einen Mondaltar her. Dazu dienen die Kerzen und die Blumen als Schmuck, es bleibt Ihnen aber unbenommen, weitere symbolische Gegenstände hinzuzufügen. Stellen Sie Räucherwerk und ein Ritualgetränk bereit. Das alles sollte die Initiantin noch nicht zu sehen bekommen. Sie hat währenddessen die Aufgabe, ihr Zimmer aufzuräumen, sich von den Dingen zu trennen, die nun in ihrem neuen Leben keine Bedeutung mehr haben und sich persönlich zu reinigen. Dazu dürfen Sie ihr natürlich ein luxuriöses Schaumbad richten und ein paar weiße und rote Blütenblätter mit ins Wasser geben.

Wenn es dunkel geworden ist, machen Sie einen Spaziergang mit Ihrer Tochter oder Freundin. Geleiten Sie sie dabei ganz bewusst durch die Türe hinaus, und verabschieden Sie sich beim Hinausgehen von dem Mädchenkind. Während des Spaziergangs sprechen Sie mit ihr über den Mond und den weiblichen Rhythmus. Suchen Sie den Ort auf, den Sie für Ihre Mondbetrachtung gewählt haben. Dort sollten Sie vor allem über die magische Kraft sprechen, die der Mond verkörpert und

die die junge Frau nun zu entwickeln hat. Und Sie sollten sie auch darauf aufmerksam machen, dass die monatliche Phase der Blutung eine Zeit der Reinigung, der Träume und der Intuition ist, in der eine Frau immer wieder zu sich selbst findet. Versuchen Sie, alle Fragen ehrlich zu beantworten. Wenn Sie etwas nicht wissen, dann sagen Sie das auch. Sprechen Sie gemeinsam eine Anrufung an die Mondgöttin, und bitten Sie um ihren Segen für die Initiantin.

Der Ablauf kann hier nur ein Vorschlag sein, denn was zwischen Ihnen und Ihrer Tochter oder Freundin abläuft, ist die Magie des Herzens. Während Sie nach Hause gehen, schweigen Sie und lassen das wirken, was zwischen Ihnen und dem Mond geschehen ist. An der Tür treten Sie zuerst ein. Zünden Sie die Kerzen und das Räucherwerk an, und bitten Sie dann die Initiantin zum Mondaltar. Begrüßen Sie sie als Frau und Freundin, trinken Sie mit ihr aus dem Pokal mit dem Ritualgetränk, und überreichen Sie ihr das Geschenk. Wenn das Mädchen bisher mit seinem Kindernamen angeredet wurde, meist einer Verkürzung oder Verniedlichung des Taufnamens, dann ist es jetzt an der Zeit, auch die Namensänderung durchzuführen und die junge Frau mit ihrem vollen Namen anzureden. Anschließend sollten Sie noch eine kleine Mahlzeit zu sich nehmen, denn Essen ist die beste Erdung.

Ritual: Die Kraft der Helden

Junge Männer haben es etwas schwerer als junge Frauen. Ihr Zugang zu den Mysterien gestaltet sich schwieriger, der Wachstumsverlauf setzt bei ihnen kein so deutliches Zeichen wie bei den Mädchen – der Schock des Blutes bleibt aus. Vielleicht steht ihnen deshalb in diesem Alter so selten der Sinn nach spirituellen Fragen. Die Bewährung in der Gruppe spielt die größere Rolle. Einfühlsame Männer sind gefragt, um den jungen Helden über die Schwelle zu helfen. Der Charakter eines solchen Rituals ist erheblich weniger magisch als vielmehr abenteuerlich und sollte eine echte, aber keine gefährliche Herausforderung darstellen. Denken Sie darüber nach, die Ferien dafür zu opfern, gegebenenfalls sogar eine Gruppe gleichaltriger Freunde einzuladen und irgendwo in abgelegener Gegend einen naturverbundenen Männerurlaub mit ihnen zu machen. Ohne Fernsehen, ohne Play-Station, ohne ständig verfügbares Handy. Aber Geschichten von Helden und Göttern dürfen dabei sein – alte, neue, selbst erlebte und erfundene. Die Aufgabe für die werdenden Männer muss sein, sich über ihr zukünftiges Leben Gedanken zu machen, die Rollen, die ihnen offen stehen, ihr Verhältnis zum anderen und eigenen Geschlecht zu überdenken, sich über Talente und Schwächen klar zu werden. Wichtig sollte auch die Suche nach einem Symbol für das zukünftige Leben sein. Danach darf auf abenteuerliche Art gesucht werden.

Bevor Sie diese Reise antreten, hat der Junge ebenfalls sein Zimmer aufzuräumen und sich von dem zu trennen, was zukünftig nicht mehr zu seinem Status gehört. Und dann gehen Sie mit dem Knaben aus dem Haus und kehren mit dem jungen Mann zurück.

Auch hier gilt es, den Kindernamen ab jetzt nicht mehr zu verwenden, sondern den vollständigen Taufnamen. Andererseits mag es sein, dass gerade ein junger Mann auch stolz auf seinen Spitznamen ist, den er sich aufgrund seiner Gruppenleistung erworben hat. Respektieren Sie diesen Wunsch dann auch.

Erwachsen werden

Bis zum 14. Lebensjahr bedarf der Mensch noch intensiver Betreuung, aber für die junge Frau und den jungen Mann muss in den nächsten sieben bis acht Jahren die Selbstständigkeit in den Vordergrund treten. Doch leicht sind diese Jahre nicht, und als Berater und Helfer dürfen Eltern gern zur Verfügung stehen. Aber spätestens mit der Volljährigkeit sollte man das Konzept vom »Hotel Mama« ernsthaft infrage stellen. Und zwar von beiden Seiten aus. Die Schwelle, die etwa im 21. oder 22. Lebensjahr zu überschreiten ist, geht meist in den Umwälzungen unter, die das Leben sowieso mit sich bringt. Schulabschluss, Berufsausbildung oder Studium, Auszug aus dem Elternhaus, erste Partnerschaften – der echte Lebenskampf beginnt. Gewöhnlich wird der inneren Entwicklung wenig Beachtung geschenkt, die Suche nach der passenden Rolle und der passenden Maske stehen im Vordergrund. Die äußeren Anforderungen sind hoch und – it's Partytime! Nur wenn aufwühlende Dinge geschehen, sucht man Halt. Liebeskummer, allgemeiner Weltschmerz, Angst vor Prüfungen, unerklärliche Sehnsüchte, Rebellion gegen Regeln und

Autoritäten lassen die Gefühle hohe Wellen schlagen. Es ist gut, wenn man in solchen Zeiten eine innere Basis hat, auf die man zurückgreifen kann. Eine Verbindung zu den Traditionen hilft, einen Ruhepol in der stürmischen See zu finden. Rituelle Verbindung zu den Traditionen gleich welcher Art findet man in den Wiederholungen, sei es zu den naturreligiösen Jahreskreisfesten, den kirchlichen Feiertagen oder auch eigenen Gedenktagen. Die Zeit zwischen Anfang zwanzig bis ungefähr zum 30. Lebensjahr dient der allmählichen Festigung des Lebens. Partner haben sich meist gefunden, ein Beruf auch, der eigene Hausstand ist gegründet, vielleicht sogar schon eine Familie. Eine gewisse Sicherheit ist eingetreten. Und dann passiert es.

Erste Saturnprüfung

»Nichts bringt einen Menschen rascher auf den Weg der Selbstentdeckung als das Gefühl der Frustration – eine Gabe Saturns.«
Liz Greene

Saturn, der kosmische Prüfer, erscheint und fragt – zunächst einmal vorsichtig – nach, ob denn alles zur Zufriedenheit läuft. Darauf kann man auf verschiedene Arten reagieren. »Natürlich, alles bestens!«, ist die übermütige Antwort derer, die mit sich so ungemein zufrieden sind und weder die geknickten Herzen am Wegesrand noch die übervorteilten Geschäftspartner beachten, sondern sich nur genüsslich im glänzenden Lack ihres neuen Autos spiegeln. »Nichts als Verdruss

und Frust!«, ist die jämmerliche Antwort derer, die mit allem immer unzufrieden sind und gleich unzählige Schuldige dafür benennen können, warum nichts so rund läuft, wie es sollte. Bei beiden wird Saturn kurz darauf noch einmal vorbeischauen. Dazwischen ist aber meist etwas Einschneidendes, nicht automatisch etwas Schreckliches, passiert, und diesmal lautet die Frage: »Und, hast du was daraus gelernt?« Wer dann aus den Trümmern seines Fahrzeugs oder seines Lebens aufschaut, der tut gut daran, die Antwort sorgfältig zu überlegen.

Man kann es undramatischer haben. Aber nicht einfacher. Die Schwelle, die Saturn behütet, ist die erste Tür nach innen. Und die muss man notgedrungen in seinem Leben aufstoßen und sich den schwarzen Schatten stellen, die dahinter lauern. Sonst machen diese Gestalten die Tür von unten auf und holen sich, was sie brauchen.

Es ist sehr empfehlenswert, seinen 29. oder 30. Geburtstag als ein ganz besonderes Ereignis zu feiern. Irgendwann dazwischen, möglichst bevor Saturn die zweite kritische Frage gestellt hat, sollten Sie jedoch den Hüter der Schwelle selbst einladen. Verständnisvolle Lebenspartner und Freunde können durchaus auch dabei sein, denn sie können anschließend Zeugnis davon ablegen, was geschehen ist. Wandlung geschieht, wenn Saturn kommt.

Vorbereitung: Das Erste, was Sie tun müssen, ist, einen Lebenslauf zu schreiben. Seien Sie dabei wirklich ehrlich sich selbst gegenüber. Es müssen nicht alle Daten genau stimmen, aber eine Reihenfolge sollte schon eingehalten werden, und zwar die aller der für Sie ganz persönlich wichtigen Ereignisse. Diese Episoden können mit denen Ihrer offiziellen Vita übereinstimmen, wie etwa Schulabschluss oder Hochzeitsdatum. Vor allem aber sind die Stationen wichtig, die einen tiefen Eindruck hinterlassen haben. Nicht nur die angenehmen Eindrücke, auch die schmerzlichen, demütigenden, beschämenden Ereignisse gehören dort hinein. Und dann sollten Sie sich Zeit nehmen, um sich mit der Technik der Visualisierung und Imagination vertraut zu machen und sich einige Informationen über Saturn besorgen, um ihn entsprechend achtungsvoll anzurufen. Er verlangt jedoch nicht, dass Sie an ihn glauben. Er macht sich so oder so bemerkbar.

Das Ritual besteht aus zwei Teilen. Der erste Teil findet bei Schwarzmond statt, der zweite bei dem darauf folgenden Vollmond. Für die Zeit dazwischen sollten Sie sich selbst ein Ritual auferlegen. Ich empfehle Ihnen sehr, sich beispielsweise vorzunehmen (und sich dann auch daran zu halten), morgens beim Aufstehen, mittags und abends vor dem Zubettgehen das kleine bannende Pentagrammritual (siehe Seite 60ff.) vollständig durchzuführen.

Erster Teil des Rituals

Zeit: Bei Schwarzmond – in der Nacht, an dem der Mond nicht am Himmel zu sehen ist. Anschließend vierzehn Tage lang bis zum Vollmond.

Hilfsmittel: Ihre Aufzeichnungen, Eiben- oder Wacholderzweige, Kornblumen, wenn die Jahreszeit passt. Schwarze Kleidung, Kerzen nach Belieben, Weihrauch, für Saturn Styrax oder Zypresse, eine mit Sand gefüllte feuerfeste Schale.

Ritualablauf: Reinigen Sie den Ort, an dem Sie das Ritual durchführen, auf der materiellen und der energetischen Ebene. Richten Sie den Raum her, und legen Sie alles, was Sie benötigen, an der Stelle bereit, an der Sie dem Prüfer begegnen wollen. Reinigen Sie sich selbst ebenfalls so gründlich, wie Sie es für nötig halten. Hat Saturn sich schon mit großer Eindringlichkeit bemerkbar gemacht, sind Fasten, Entschlacken, Sauna und ähnliche innere Reinigungsvorgänge angemessen. Kleiden Sie sich an, und zwar sorgfältig und auf das konzentriert, was vor Ihnen liegt. Andere Gedanken und Ablenkungen müssen Sie ab diesem Zeitpunkt ignorieren. Erden Sie sich, und zwar gründlich. Ein Schwarzmondritual kann einen von den Füßen heben. Zum Erden knien Sie daher nieder und pressen die Stirn auf den Boden. Atmen Sie ruhig, schließen Sie die Augen. Stellen Sie sich vor, wie die festigende, Halt bietende Energie der Erde durch die Stirn in Sie hineinfließt und sie zur Gänze ausfüllt. Wenn Sie ruhig geworden sind, richten Sie sich langsam wieder auf.

Ziehen Sie den schützenden Kreis um sich, indem Sie an den vier Himmelsrichtungen die Eiben- oder Wacholderzweige niederlegen und dabei die Wächter des Ostens, Südens, Westens und des Nordens anrufen.

Zünden Sie Kerzen und Räucherwerk an, und setzen Sie sich dann in der Mitte des schützenden Kreises nieder.

Anrufung und Visualisierung

Beginnen Sie mit Ihrer Anrufung. Saturn trägt den Titel »Vater der Zeit«, und ein altes Gebet an ihn lautet:

Herr, dessen Name erhaben ist,
dessen Macht allgegenwärtig
und dessen Geist edel ist,
oh Herr Saturn, du kalter, trockener,
du dunkler, du zerstörerischer, …
du verschlagener Herr,
der du alle Listen kennst, der du trügerisch,
weise und verständig bist,
der du Gedeihen und Verderben gibst,
glücklich oder unglücklich ist der,
dem du es zuteilst.

Das Gebet können Sie laut oder nur in Gedanken sagen. Auf jeden Fall aber breiten Sie dabei die Hände mit den Handflächen nach oben aus.

Nach der Anrufung schließen Sie die Augen und atmen ruhig einige Male ein und aus, bis Sie sich ganz ruhig fühlen. Zweifeln Sie nicht, auch wenn jetzt noch nichts Dramatisches geschehen ist. Wenn es Ihr erstes magisches Ritual ist, werden Sie vielleicht enttäuscht sein, dass weder Donner grollen noch sich unheimliche Wesenheiten aus dem aufsteigenden Rauch materialisieren. Was wirklich geschieht, passiert in Ihnen selbst. Dorthin gelangen die angerufenen Kräfte, und darauf sollten Sie sich konzentrieren. Saturn ist da, wenn Sie ihn gerufen haben. Wenn Sie ihn sehen wollen, dann mit Ihren inneren Augen. Wenn er dort nicht erscheint, so hat das nichts damit zu tun, dass er nicht doch

gegenwärtig ist – das Visualisieren der magischen Kräfte bedarf der Übung. Und er wird Ihnen zuhören. Wenn Sie wollen, nehmen Sie Ihre Aufzeichnungen und lesen sie noch einmal durch. Besser ist es, Sie berichten ihm frei darüber, wie Ihre letzten 29 Jahre verlaufen sind. Vergessen Sie nicht, dass er immer fragen wird, was Sie aus diesem oder jenem Erlebnis gelernt haben. Antworten Sie ihm und sich selbst gewissenhaft darauf. Beantworten Sie auch sehr gründlich:

- was Sie im bisherigen Leben vernachlässigt haben,
- zu welchen Entscheidungen der Vergangenheit Sie noch stehen,
- wovon Sie sich in dem nächsten Lebensabschnitt trennen wollen.

Wenn Sie diesen Abschnitt beendet haben, sagen Sie laut (!): »*Ein Kreislauf ist beendet. Es ist gut.*« Verbrennen Sie Ihre Aufzeichnungen vorsichtig in der mit Sand gefüllten Schale, und decken Sie die Asche mit Sand ab.

Bitten Sie die saturnische Kraft um Beistand für die nächsten vierzehn Tage, in denen Sie frei von Ihren alten Lasten, frei von allem, was Sie für überkommen halten, werden sollen. Wenn Sie so wollen, sind Sie auch frei von Ihren Sünden. Doch Sie sind in den folgenden Tagen auch völlig schutz- und haltlos, und daher müssen Sie außerordentlich vorsichtig sein. Danken Sie Saturn für sein Kommen, und erden Sie sich noch einmal auf die zuvor beschriebene Weise. Heben Sie den magischen Kreis auf, doch behalten Sie die Asche Ihrer Aufzeichnungen.

In der Zwischenzeit

In den zwei Wochen bis zum Vollmond sollten Sie täglich einige Zeit darauf verwenden, sich über Ihr Leben klar zu werden. Was ist wichtig für Sie, was hat wirklich dauerhaften Wert, wo haben Sie sich in der Vergangenheit belogen, wo sind Sie unzufrieden mit sich. Versuchen Sie, nicht anderen die Verantwortung anzulasten, suchen Sie bei sich. Nur diese Antworten akzeptiert Saturn. Achten Sie vor allem in diesen vierzehn Nächten auf Ihre Träume, und schreiben Sie sie, wenn möglich, auf. Es sind mit großer Sicherheit zukunftsweisende Bilder darin enthalten, über die es sich lohnt, intensiv nachzudenken. Vergraben Sie während dieser Zeit die Asche Ihrer Aufzeichnungen im Garten oder im Wald mit Achtsamkeit und Respekt. Auch dies ist ein eigenes kleines Ritual der Trennung von Altem, Überholtem. Halten Sie sich konsequent an die Auflagen, die Sie sich selbst gegeben haben. Sie sind Ihre Stütze in jener Zeit zwischen den Zeiten. Und dann, am Vollmondtag, sollten Sie eine Liste zusammengestellt haben, die aus einigen prägnanten Sätzen besteht, die mit den Worten beginnen: »Ich will …«. Formulieren Sie diese Sätze aber unbedingt positiv. Verneinungen könnte Saturn falsch verstehen; sie können verheerende Wirkungen haben.

Der zweite Teil des Rituals

»Das Sichtbare ist die Verkörperung des Unsichtbaren.«
Eliphas Lévi

Zeit: In der Vollmondnacht.

Hilfsmittel: Ihre Aufzeichnungen, ein Umschlag oder Behälter dafür. Eiben- oder Wacholderzweige, Kornblumen, wenn die Jahreszeit danach ist. Diesmal wählen Sie weiße Kleidung, Kerzen nach Belieben, Weihrauch.

Ritualablauf: Reinigen und erden Sie sich wie im ersten Teil, ziehen Sie den Schutzkreis um sich, und rufen Sie die magische Kraft des Saturn an. Diesmal werden Sie ihm in Ihrem inneren Gespräch die Versprechungen für die Zukunft geben, die mit den Worten: »Ich will … « beginnen. Denken Sie daran, dass Saturn Sie fragen wird: »Willst du das wirklich?« Noch haben Sie die Gelegenheit, sich anders zu entscheiden. Ansonsten werden Sie bis zu Saturns nächster Wiederkehr in ihrem 58. Lebensjahr jeweils im Abstand von sieben Jahren daran gemessen. Beachten Sie das. Formulieren Sie zuletzt in einem einzigen Satz Ihr Lebensziel, und fügen Sie es Ihren Aufzeichnungen hinzu. Falten Sie das Papier zusammen, und stecken Sie es in den vorbereiteten Umschlag. Sagen Sie laut (!): »Ein neuer Kreislauf hat begonnen. Möge er gut werden!«

Danken Sie den saturnischen Kräften, dass Sie den Mut hatten, sich dieser Prüfung zu stellen. Glauben Sie mir, es erfordert Mut, und nicht jeder bringt ihn auf. Die Angst vor Prüfungen ist gewöhnlich sehr groß und bedarf der Überwindung. Danken Sie Saturn aufrichtig für sein Kommen, denn er fördert Ihr inneres Wachstum! Verabschieden Sie dann den göttlichen Prüfer, und erden Sie sich abschließend.

Wenn Sie gute Freunde haben und dieses Ritual zusammen mit ihnen durchführen, dann kann es sehr einprägsam sein, sich gegenseitig die Willenserklärungen bekannt zu geben und vor allem die Fragen laut zu stellen. Es versteht sich, dass jeder Beteiligte anschließend absolutes Stillschweigen darüber zu bewahren hat. Wissen – wagen – wollen – schweigen lautet der wesentliche Grundsatz der Magie.

Erwachsen sein

Sie lesen dies hier und stellen fest, dass Ihr 29. Lebensjahr schon vorüber ist? Sie haben die Chance nicht genutzt, um sich mit dem kosmischen Prüfer auseinander zu setzen? Doch, Sie haben! Um es salopp auszudrücken, sagt Saturn nämlich: »Besuchen Sie mich, bevor ich Sie besuche.« Haben Sie von Ihrer Seite aus den Kontakt verpasst, hat er sich auf die eine oder andere Weise bemerkbar gemacht und Sie in eine Situation gebracht, die inhaltlich dem entspricht, was das Ritual vorwegnahm. Wie drastisch das verlaufen ist, hängt davon ab, wie gut Sie sich selbst schon kennen. Bei dem einen ist es eine Krankheit oder ein Unfall, der ihn zum Innehalten gezwungen hat, beim anderen ging eine Beziehung auseinander, oder es gab einen unerwarteten Todesfall, aufgrund dessen man die Lebensgewohnheiten ändern musste. Berufliche Probleme haben vielleicht zum Umdenken angeregt, oder der Partner hat dazu einen plötzlichen Anstoß gegeben. Manchmal sind einfach nur Fragen nach der Sinnhaftigkeit des Tuns aufgetaucht. Versuchen Sie sich zu erinnern, was es bei Ihnen war, und dann überlegen Sie im Nachhinein, welche Konsequenzen Sie daraus gezogen haben. Sieben Jahre später sollte sich die Wandlung des Bewusstseins vollzogen haben. Einen kleinen Denkanstoß möchte ich Ihnen an dieser Stelle auch noch einmal geben – Saturn kehrt im Leben eines jeden Menschen etwa um den 29. Geburtstag zurück. Auch bei Ihrem Partner, bei Ihren Freunden und Verwandten. Auch andere haben mit ihm ebenso zu ringen wie Sie und bedürfen daher Ihrer Rücksicht und Ihres Verständnisses.

Ritual: Merkurs Berufsberatung

»Der Mensch schafft sich selbst seinen Himmel und seine Hölle, und es gibt keine anderen Dämonen als unsere Wahnsinnsausgeburten.«
Eliphas Lévi

Im Alter von ungefähr 36 steht Saturn wieder an einer bedeutsamen Stelle des Horoskops – im Quadrat zu seiner Ursprungsposition. Und die Astrologen sprechen in diesem Fall davon, dass das wirksam wird, was sich in der ersten Wiederkehr ankündigte. Was Sie also – unbewusst, weil es geschehen ist, oder bewusst, weil Sie sich damit beschäftigt haben – vor rund sieben Jahren in die Wege geleitet haben, das wird jetzt akut.

Um ein Beispiel zu nennen: Wenn Sie mit 29 eine Unzufriedenheit mit Ihrem Beruf festgestellt und bisher nichts dagegen getan haben, flattert Ihnen jetzt die Kündigung ins Haus. Oder Sie kündigen und fangen eine neue Ausbildung oder eine entsprechende Umorientierung an.

Saturn hat Sie vor sieben Jahren bereit gemacht für etwas Neues, und das kann man geschehen lassen, oder man kann sich dem stellen. Sie haben sich, auf die eine oder andere Art, der Frage stellen müssen, was Sie in Ihrem Leben nun wirklich wollen. Wenn Sie eine Antwort gegeben haben, sind Sie damit die Verpflichtung eingegangen, es so gut wie möglich und mit ganzem Herzen zu tun. Auch wenn die Antwort hieß: »Alles soll bleiben, wie es ist!«

Halbherzigkeit duldet der göttliche Prüfer nicht. Stellt er sie bei Ihnen fest, schickt er eine Katastrophe. Oder zumindest ständige Misslichkeiten. Sie erkennen das oftmals daran, dass Sie sich leer und ausgebrannt fühlen. Nicht nur mal für ein paar Tage, das passiert zwischendurch immer wieder, sondern grundsätzlich. Wenn Sie hören, dass man Ihnen rät: »Komm, es sind doch nur ein paar Kleinigkeiten, die du verändern musst, dann läuft die Sache (Beziehung, Job, Gesundheit) wieder!«, und Sie die Kraft nicht haben, an besagten Kleinigkeiten zu arbeiten, dann ist die innere Verweigerungshaltung so groß, dass der Abwärtstrend nicht mehr aufgehalten werden kann. Unbewusst streben Sie einen Wechsel bereits an. Da Sie sich diesem Umschwung aber nicht bewusst stellen, schiebt Saturn (oder sagen wir lieber, Ihre inneren saturnischen Kräfte, damit der arme Planet nicht ständig zum Sündenbock gemacht wird) Sie in Richtung Zusammenbruch. Der bringt dann wirklich den Wechsel, wenn auch auf schmerzliche Art.

Besser ist es, sich der Veränderung und der Herausforderung darin bewusst zu werden, die darin enthaltenen Risiken und Chancen wahrzunehmen. Es ist besser zu agieren als zu reagieren. Wenn Sie einen Partner dazu gewinnen möchten, dann wird Ihnen Merkur helfen. Laden Sie ihn zu einem Ritual ein, in dem er Ihnen hilft, die Veränderung bewusst und positiv anzunehmen, kurzum, das Beste daraus zu machen, ob sie nun unangenehm erscheint oder Erfolg versprechend. Der Götterbote mit den Flügelsandalen wird Sie dabei beflügeln.

Vorbereitung: Betrachten Sie die vergangenen sieben Jahre kritisch, und werten Sie Ihre Bemühungen, das zu verändern, was Ihnen Sorgen und gravierende Probleme bereitet hat. Was hat sich darin in welche Richtung entwickelt? Was zum Besseren, was zum Schlechteren? Wo haben Sie sich mit ganzem Herzen eingesetzt? Wo haben Sie nur halbherzig und lustlos Ihre Pflicht erfüllt? Was zeichnet sich jetzt als definitive Änderung ab? Welche neuen Herausforderungen sind Sie jetzt bereit anzunehmen? Versuchen Sie, diese Betrachtung mit etwas Abstand zu sich selbst zu betreiben, so als ob Sie einen Fremden beobachteten. Das macht es etwas leichter, die unmerklichen, schleichenden Änderungen wahrzunehmen, die die Gewohnheit und der auf das Persönliche beschränkte Blickwinkel verschleiern. Betrachten Sie Ihre Familie, Ihre Partnerschaften und Freunde, Ihre berufliche Entwicklung und auch Ihren Gesundheitszustand mit entsprechend kritischen Augen. Achten Sie auch auf Ihre

Träume, vor allem, wenn wiederkehrende Szenen darin auftauchen. Bevor Sie die Magie des Neuanfangs mit einem Ritual für sich einsetzen, müssen Sie reiflich und gut überlegen, was Sie erreichen wollen. Finden Sie eine kurze, prägnante Formulierung dazu. In der Magie nennt man das übrigens einen Zauberspruch.

Zeit: Ein Mittwoch – der Merkurtag.

Hilfsmittel: Gestalten Sie einen magischen Arbeitsplatz, vor dem Sie das Ritual vollziehen. Sie können ihn Ihren Altar oder Ihren Tempel nennen, Sie müssen aber deshalb nicht die gesamte Wohnung umdekorieren. Ein Tischchen, entsprechend hergerichtet, tut es schon. Verwenden Sie die Farbe Orange, sie zieht Merkur an, und zudem fördert sie den Optimismus. Orangefarbene Decken, orangefarbene Blumen, Kerzen oder entsprechende Beleuchtung sollten Sie verwenden. Tragen Sie auch ein orangefarbenes Kleidungsstück. Räucherwerk (Benzoe) oder ein Duftöl (Orange, Minze) unterstützen die merkurianische Stimmung. Außerdem benötigen Sie ein kleines Stückchen Bernstein, als Anhänger oder Handschmeichler. Reinigen Sie ihn, indem Sie ihn einige Tage in Salzwasser legen und vom Mondlicht bescheinen lassen.

Ritualablauf: Richten Sie den Platz, an dem das Ritual stattfinden soll, entsprechend her, und reinigen Sie ihn mit Rauch oder durch das Versprühen von einigen wenigen Tröpfchen Duftöl. Reinigen Sie sich selbst durch die Vorstellung, dass alle störenden Einflüsse der letzten Stunden durch eine Lichtdusche von Ihnen abgewaschen werden. Legen Sie die passende Kleidung für das Ritual an, und

erden Sie sich. Um den magischen Kreis um sich und Ihren Altar zu ziehen, wenden Sie sich an die vier Himmelsrichtungen, von Osten beginnend im Uhrzeigersinn. Heben Sie dabei die rechte Hand, und stellen Sie sich vor, dass ein helles Licht aus Ihren Fingerspitzen fließt, das eine leuchtende Spur hinterlässt. Diese symbolische Handlung hilft Ihnen, sich von äußeren Dingen nicht ablenken zu lassen und sich ganz auf das zu konzentrieren, was vor Ihnen liegt. Zünden Sie die Kerzen und das Räucherwerk an, und stellen Sie sich dann in die Mitte des Kreises.

Anrufung und Visualisierung

Bitten Sie die Kraft des einfallsreichen Merkur, an Ihrem Ritual teilzunehmen. Heben Sie dabei vor allem seine Aspekte hervor, die Ihnen für den Neubeginn hilfreich sein können – die Kontaktfähigkeit, die Freude am Wissenserwerb und am Lernen, die Unterstützung bei erfolgreichen Geschäften. Heben Sie dabei langsam die Hände mit den Handflächen nach oben bis über den Kopf, und fühlen Sie, wie diese Kraft in Sie hineinfließt. Dann kreuzen Sie die Arme vor der Brust, so dass die Hände auf den Schultern liegen, und neigen Sie kurz den Kopf.

Setzen Sie sich anschließend nieder, und atmen Sie so lange ruhig ein und aus, bis Sie sich der Gegenwart Merkurs sicher sind. Zweifeln Sie nicht, auch wenn Ihr vorwitziger Verstand versucht, sich in das Ritual einzumischen. Er hat jetzt nichts zu sagen, ignorieren Sie ihn. Darin liegt der Erfolg der magischen Operation.

Wichtig ist jetzt, dass Sie sich die Zukunft vorstellen: So wird es sein, wenn Sie erfolgreich das in Angriff genommen haben, was neu auf Sie zugekommen ist. Erlauben Sie sich nicht, dabei abzuschweifen oder dem Plappermäulchen Verstand zuzuhören. Denken Sie in Bildern. Es muss nicht stundenlang sein, manchmal reicht ein einzelnes »Blitzlicht«, das die gewünschte Situation beleuchtet. Es kann aber auch eine ausgewachsene Trance, also eine gesteuerte, zielorientierte Tagträumerei sein. Das Gefühl einer Niederlage darf Sie dabei aber nicht anfliegen, derartige Bilder müssen Sie mit Merkurs Hilfe strikt ausblenden. Denken Sie daran – Sie nehmen die Herausforderung des Neuen kraftvoll und bewusst an.

Nehmen Sie anschließend den Bernstein in Ihre Hände, und sprechen Sie den Satz, den Sie zuvor als Zauberspruch formuliert haben, dreimal laut aus. Stellen Sie sich vor, dass mit diesen Worten der Wunsch für den Neuanfang übermittelt wird – Merkur ist der Meister der Worte! Konzentrieren Sie sich! Lassen Sie die merkurianische Kraft, die Sie in sich fühlen, in den Bernstein fließen. Schließen Sie dann die Hände über dem Stein, und danken Sie Merkur für seine Unterstützung. Verabschieden Sie ihn mit respektvollen Worten. Erden Sie sich, und öffnen Sie den schützenden Kreis.

Mit dem so geweihten Bernstein haben Sie einen Talisman, der sozusagen die magische Energie dieses Rituals gespeichert hält, solange Sie sie benötigen. Tragen Sie ihn bei sich, oder legen Sie ihn an die Stelle, wo sich der Neuanfang gestalten soll. Wenn Sie erfolgreich über die ersten Hürden hinweggekommen sind und ihn nicht mehr brauchen, reinigen Sie ihn auf die zuvor genannte Art.

Lebensmitte

Was Saturn vor ungefähr sieben Jahren angestoßen hat, sollte sich nun gefestigt haben. Anfang vierzig tritt die äußere Welt gegenüber dem Blick nach innen zurück – oder sollte das zumindest tun. Natürlich ist der Überlebenskampf noch nicht beendet, aber eine gewisse Routiniertheit, Lebenserfahrung und Gelassenheit helfen hoffentlich jetzt dabei, die Anforderungen ohne die Anspannung der früheren Jahre zu bewältigen. Vielfach sind auch die Kinder erwachsen und aus dem Haus, die finanzielle Situation einigermaßen gefestigt. Es bleibt Zeit übrig. Verbringen Sie die vor dem Fernseher? Oder denken Sie schon mal über sich und die Welt nach?

Auch der menschliche Körper geht einer erneuten Verwandlung entgegen, gewisse Alterserscheinungen lassen sich nicht mehr verleugnen. Ob Sie darunter leiden, ob Sie dem gelassen gegenüberstehen oder ob Sie sie begrüßen, ist eine Frage, wie wichtig Sie Ihren Körper nehmen. Wie sieht es aus mit Diäten, Haarfärbemitteln, Antifaltencremes, kosmetischen Operationen und dem sportlichen Engagement? Frauen beschäftigen sich in unserer Gesellschaft häufig mehr mit diesen Fragen als Männer. Aber auch die Männer sollten spätestens jetzt zu einem gewissen Körperbewusstsein finden. Schauen Sie in den Spiegel, wenn Saturn gegenüber seiner ursprünglichen Position zum Zeitpunkt Ihrer Geburt steht (in Opposition, so nennt man das und meint das auch so). Es gibt zwei Formen, dies zu tun. Der eine Spiegel reflektiert das äußere Erscheinungsbild, der andere spiegelt das innere Befinden wider. Magische Spiegel sind sie beide.

Ritual: Der Spiegel der Venus

»In unserer Zeit kehrt das weibliche Prinzip als göttlicher Archetyp in die Welt zurück, und nichts kann es aufhalten.«
Zsuzsanna Budapest

Es stimmt einfach nicht, was uns der Jugendkult weismachen will: Auch mit Mitte vierzig gibt es attraktive Menschen. Ein junger, straffer Körper, faltenlose, weiche Wangen sind zwar recht hübsch anzusehen, aber auch ein reifes Gesicht, eine weicher gewordene Figur haben durchaus ihre Anziehungskraft. Andererseits – niemand ist zu Übergewicht, ungepflegter Haut und schlaffer Haltung gezwungen. Weder die Jahre noch Saturn sind schuld daran, wenn man sich gehen lässt. Sich gehen lassen aber ist eine Vernachlässigung seiner selbst und deutet auf mangelnde Eigenliebe. Wer sich selbst nicht liebt, ist auch nicht liebenswert. Durch eine kosmetische Operation kann man mangelnde

Eigenliebe nicht beseitigen. Wohl aber durch einen magischen Akt. Wer anders als die Göttin der Schönheit und der Liebe selbst könnte hier zu Hilfe eilen. Schauen Sie in den Spiegel der Venus, und entdecken Sie, wie groß Ihre innere Liebe sein kann.

Vorbereitung: Machen Sie Bestandsaufnahme – bei Ihren Schönheitsmitteln, bei Ihren Lebensmitteln und Essgewohnheiten, bei Ihren sportlichen Interessen. Von welchen Dingen wissen Sie eigentlich, ob sie schädlich, ungesund oder unsinnig sind? Von welchen Dingen wissen Sie wirklich, dass sie hilfreich, gesund und sinnvoll sind? Hand aufs Herz! Und was verwenden Sie, obwohl Sie wissen, dass es entweder nichts nützt oder sogar einen schlechten Ruf hat, es Ihnen aber angenehm ist? Auch die Fehler, die man bewusst begeht, sollte man sich eingestehen. Sie haben ja einen Grund dafür, wahrscheinlich sogar einen guten.

Ort: Am besten in Ihrem Schlafzimmer. Es sollte aufgeräumt, geputzt, mit frisch bezogenen Betten versehen und gelüftet sein.

Zeit: Freitag ist der Tag der Venus und der Liebe, nehmen Sie sich an diesem Abend für sich Zeit.

Hilfsmittel: Blumen. Viele davon. Die Farben sind gleichgültig, aber schön arrangiert sollten Sie sein. Verwenden Sie viel Grün, Myrte vor allem, aber auch Farne, Blätter, Gräser. Venus liebt Grün. Ein blumiger Duft, der Ihnen gefällt, Kerzen in Grün und Rosa. Eine schöne Glasschale mit Salzwasser. Ein großer Spiegel, gereinigt und mit einem Tuch verhängt. Ein weißes Laken oder großes Tuch. Sehr weiche Kosmetiktücher.

Rosenblätter. Waschen Sie sich auch die Haare, und schminken Sie sich gründlich ab. Wenn Sie sich abgetrocknet haben, wickeln Sie sich in das große weiße Tuch, indem sie es quer vor den Körper nehmen, den rechten Zipfel über die rechte Schulter. Die lange Seite führen Sie dann unter dem linken Arm nach hinten, wickeln weiter nach vorne, unter der Brust entlang bis hinten zur rechten Schulter. Den übrig gebliebenen Zipfel verknoten Sie dann mit dem rechten Zipfel auf der rechten Schulter. So entsteht ein hübsches weißes Ritualkleid. Männer wickeln das Tuch in der Art eines Sarongs um die Hüften. Reinigen Sie den Raum, in dem Sie die Venusmagie wirken wollen, durch Versprühen einiger Tropfen Salzwasser, um störende Energieschwingungen zu bannen. Gehen Sie einfach davon aus, dass es wirkt. Nicht für Wochen und Monate, aber ganz bestimmt für die nächste Zeit. Ziehen Sie den schützenden Kreis um sich, indem Sie den Zettel mit der Aufschrift: »Nicht stören!« an die Tür heften und sie hinter sich schließen. Dann rufen Sie die Wächter der vier Himmelsrichtungen um Beistand an und legen auf die vier Positionen je eine Blume. Perfekt wäre es, wenn Sie für den Osten eine gelbe, für den Süden eine rote, für den Westen eine blaue Blüte und für den Norden grünes Blattwerk verwenden würden. Erden Sie sich, indem Sie niederknien und die Kraft der Erde durch Ihre Stirn eindringen lassen. Wenn Sie sich gefestigt und ruhig fühlen, richten Sie sich auf, zünden die Kerzen an und bitten Venus, zu Ihnen zu kommen. Wenn Sie mögen, verwenden Sie folgendes Gedicht:

Ritualablauf: Um es gleich vorwegzunehmen: Für den einen oder anderen wird dieses Ritual höchst unbequem ablaufen, daher die Taschentücher. Sie sind nicht magisch, sie sind nützlich. Reinigen Sie sich, in diesem Fall ganz irdisch durch Dusche oder Bad. Doch während dieser Tätigkeit müssen Sie sich bereits auf das Kommende konzentrieren – also keinen noch so spannenden Roman mit in die Wanne nehmen. Höchstens ein paar

An die Liebesgöttin

Mutter der Äneaden, du Wonne der Menschen und Götter,
Lebensspendende Venus, du waltest im Sternengeflimmer

Über das fruchtbare Land und die schiffedurchzogene Meerflut,
Du befruchtest die Keime zu jedem beseelten Geschöpfe,
dass es zum Lichte sich ringt und geboren der Sonne sich erfreut.

Wenn du nahest, o Göttin, dann fliehen die Winde,
Vom Himmel flieht das Gewölk,
Dir breitet die liebliche Bildnerin Erde duftende Blumen zum Teppich,
Dir lächelt entgegen die Meerflut,
Und ein friedlicher Schimmer verbreitet sich über den Himmel.

Denn sobald sich erschlossen des Frühlings strahlende Pforte
Und aus dem Kerker befreit der fruchtbare West sich erhoben,
Künden zuerst, o Göttin, dich die Bewohner der Lüfte,
Und dein Nahen entzündet ihr Herz mit Zaubergewalten …
Also lenkst du, o Göttin, allein das Steuer des Weltalls.

Ohne dich dringt kein sterblich Geschöpf zu des Lichtes Gefilden,
Ohne dich kann nichts Frohes der Welt, nichts Liebes entstehen.

Lukrez

Sie ist nun bei Ihnen, die Göttin der Liebe, und Sie werden sich gemeinsam mit ihr dem Spiegel stellen. Entfernen Sie das Tuch, und schauen Sie sich in die Augen. Sehen Sie, möglichst ohne zu blinzeln, hinein, solange sie können. Starren Sie sich an, ohne den Blick zu fokussieren. Nach einer Weile werden Sie sich verwandeln – Venus ist bei Ihnen, vergessen Sie das nicht. Sie schaut Ihnen aus dem Glas entgegen. Ihr können Sie nun berichten, was Sie an sich lieben und was Sie an sich nicht mögen. Bitten Sie sie, alles das aufzulösen, was Sie an sich nicht leiden können. Venus ist bei Ihnen und versteht Sie. Sie hat die Kraft, alles zu lieben, wirklich alles! Auch das, was Sie an sich zu hassen glauben. Wenn Ihnen dabei die Tränen kommen – und das passiert, wenn man sich wirklich und ohne Rückhalt angenommen fühlt –, dann lassen Sie ihnen freien Lauf. Sie sind schön in den Augen der Göttin der Schönheit, und sie schenkt Ihnen die Kraft, auch für sich schön zu sein. Stehen Sie auf, und legen Sie ihr Gewand ab. Heben Sie den Oberkörper an, richten Sie den Kopf auf, und halten Sie sich entspannt gerade. Seien Sie stolz auf sich. Das Leben hat Sie zu dem gemacht, was Sie jetzt sind. Ihre Eigenliebe und Ihr Eigenhass haben Sie gezeichnet. Das sind Sie. Niemand anderer. Was immer Sie ab jetzt aus Liebe zu sich ändern wollen, wird Ihnen gelingen.

Knien Sie nieder, und danken Sie Venus für ihr Verständnis. Verabschieden Sie sie, und erden Sie sich noch einmal. Verhängen Sie den Spiegel wieder, und heben Sie den magischen Kreis auf, indem Sie die Blumen einsammeln.

Waschen Sie Ihr Gesicht mit eiskaltem Wasser, und legen Sie eine besänftigende Crememaske auf. Und dann legen Sie sich zu Bett und schlafen mit dem Bewusstsein ein, eine liebenswerte Person zu sein. Achten Sie auf Ihre Träume.

Eine Anmerkung zu diesem Ritual: Sie müssen mit der Durchführung nicht warten bis zur Saturnopposition, sondern Sie können es jederzeit machen, wenn Sie das Bedürfnis dazu haben. Aber wenn Sie unzufrieden mit sich sind, sollten Sie es spätestens an Ihrem 43. Geburtstag einmal durchführen.

Ritual: Der Spiegel des Mondes

»Was vor uns liegt und was hinter uns liegt, ist unbedeutend, verglichen mit dem, was in uns steckt.«
Ralph Waldo Emerson

Der andere Spiegel, den Sie sich vorhalten sollten, wenn Sie die Lebensmitte erreicht haben, ist weniger materieller Natur und bezieht sich auch nicht auf das äußere Erscheinungsbild, sondern auf die innere Entwicklung. Die Sinnfrage, sofern Sie sie nicht schon in früheren Jahren gestellt haben, drängt sich jetzt mit Macht auf. Wenn Sie seit geraumer Zeit schon daran arbeiten, dann mag das folgende Ritual für Sie eine Ergänzung, eine neue Möglichkeit darstellen, tiefer einzutauchen. Haben Sie bisher aber noch nie die Zeit oder die Kraft gefunden, der Forderung Apollos »Erkenne, wer du bist!« nachzukommen, dann sollten Sie tunlichst jetzt damit beginnen. Denn in 14 Jahren wird der große Prüfer Sie danach fragen.

Vorbereitung: Wissen Sie eigentlich, was alles in Ihnen schlummert? Welche Potenziale und welche Talente, welche Abgründe und welche Schatten Ihre Persönlichkeit ausmachen? Eine der Möglichkeiten, diese Fragen zu beantworten, besteht darin, sich die Tarotkarten zu legen. Besorgen Sie sich ein Kartendeck, das in seiner künstlerischen Gestaltung Ihrem Geschmack entspricht. Ich persönlich ziehe das Crowley-Tarot vor, weil es das ehrlichste ist. Seine Bilder sind eingängig, aber nicht verspielt, und zeigen jeweils die beiden Seiten des dargestellten Archetypus. Aber wie gesagt gibt es auch andere Kartendecks.

Ort: Wo Sie ungestört sind und wo Sie das Licht des Mondes sehen können.

Zeit: Bei Vollmond, denn da ist man für derartige Befragungen ganz besonders aufgeschlossen.

Hilfsmittel: Die großen Arkanen Ihres Tarotdecks, ein weiß gedeckter Tisch, weiße Kerzen nach Belieben, als Räucherwerk Myrrhe für den Mond und Lorbeerblätter, Sternanis, Beifußblätter oder Muskatnuss, die die Hellsichtigkeit fördern. Eine Wasserschüssel mit einer Seerose, denn die Kräfte des Mondes sind mit dem Wasser verbunden. Papier und Stift.

Ritualablauf: Reinigen Sie den Raum, in dem das Ritual stattfinden soll, waschen Sie sich gründlich die Hände, bevor Sie die Karten aufnehmen. Erden Sie sich, und ziehen Sie einen schützenden Kreis um sich. Entzünden Sie Kerzen und Räucherwerk, und wenden Sie sich dann dem Mond zu. Achten Sie aber darauf, dass weder Kerzen noch Räucherwerk dem Luftzug ausgesetzt sind, um

Unfälle zu vermeiden. Heben Sie die Hände zum Mond, und bitten Sie ihn, Ihnen behilflich zu sein, die Türen zu Ihrem Unbewussten zu öffnen. Ihre erste Frage sollte Ihren verborgenen Potenzialen gelten. Stellen Sie sie laut an den Mond, nehmen Sie dann die Karten zur Hand, und mischen Sie sie eine Weile. Dabei atmen Sie ganz ruhig und konzentrieren sich nur auf die monotone Bewegung Ihrer Hände. Das Mischen soll Sie in eine leichte Trance versetzen, und mit Hilfe der Mondkräfte wird Ihnen das auch bald gelingen. Wenn Sie das Gefühl haben, genug gemischt zu haben, fächern Sie die Karten verdeckt in der rechten Hand auf und ziehen mit der linken Hand die erste Karte. Denken Sie nicht dabei. Legen Sie sie unaufgedeckt vor sich auf den Tisch. Die zweite Karte legen Sie daneben, die dritte unter die erste und die vierte unter die zweite. Drehen Sie dann nacheinander die Karten um, und betrachten Sie sie zunächst nur einmal. Dann deuten Sie die Karten wie folgt:

⊕ Die erste Karte zeigt, was Sie von sich selbst wissen und wozu Sie stehen, also die Ihnen bewusst bekannten Talente und Fähigkeiten.

⊕ Die zweite Karte sagt Ihnen, welche Gaben Sie zwar besitzen, aber nicht gerne zugeben.

⊕ Die dritte Karte sagt Ihnen, welche Kräfte andere in Ihnen erkennen, deren Sie sich aber vielleicht gar nicht recht bewusst sind.

⊕ Die vierte Karte aber sagt Ihnen, was in den Tiefen noch an Kräften verborgen ist, was Sie antreibt und beeinflusst, ohne dass Sie es wissen.

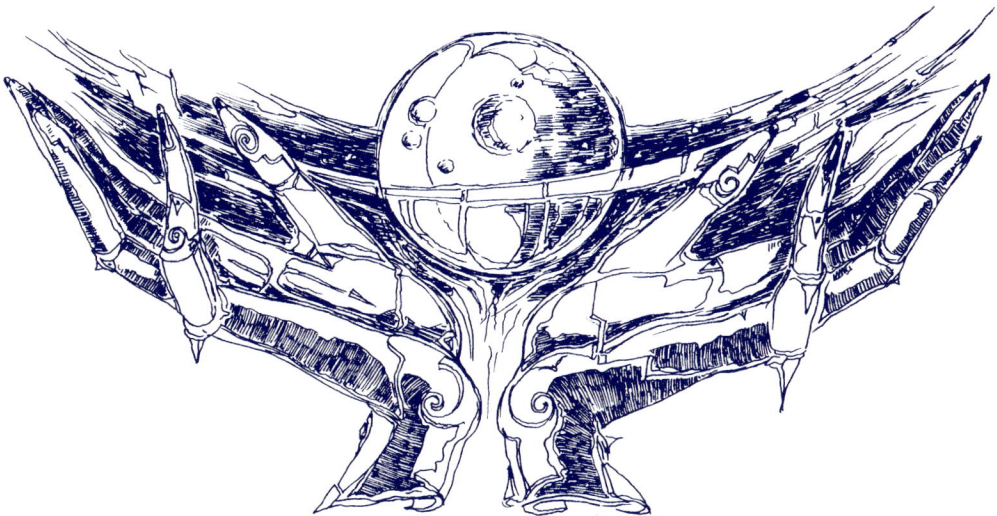

Schreiben Sie das Ergebnis auf, und meditieren Sie eine Weile darüber. Schreiben Sie auch die Gedanken auf, die Ihnen während dieser Zeit durch den Kopf gehen. Die erste Befragung sollte Ihnen die Augen über Ihre nutzbringenden Fähigkeiten geöffnet haben, während die zweite Befragung ungleich unbequemer wird. Hier fragen Sie nämlich nach Ihren Schattenseiten. Gehen Sie in derselben Form vor, und legen Sie wiederum vier Karten aus. Diesmal bedeuten sie Folgendes:

✥ Die erste Karte zeigt, welche negative Eigenschaft Sie von sich kennen und sich eingestehen.

✥ Die zweite Karte sagt Ihnen, welche negative Eigenschaft Sie zwar kennen, aber sich nicht eingestehen mögen (und immer eine Ausrede dafür finden!).

✥ Die dritte Karte sagt Ihnen, welche unangenehmen Züge andere an Ihnen wahrnehmen, deren Sie sich aber nicht völlig bewusst sind. Sie kennen sie nur als die »ungerechten Vorwürfe«.

✥ Die vierte Karte sagt Ihnen, wo Ihr blinder Fleck liegt, Ihr Schatten, der ohne Ihr Wissen Ihr Denken und Handeln beherrscht. Über ihn müssen Sie insbesondere nachdenken. Und das wird Ihnen überhaupt nicht gefallen!

Schreiben Sie dennoch auf, wie die Karten liegen, und machen Sie sich dann mit Hilfe des Mondes daran, den dunklen Bereich auszuleuchten. Es gibt nur eine Möglichkeit, das zu tun, und das ist der absolut ehrliche Blick in den Spiegel. Erkennen Sie sich selbst mit den Sonnen- und Schattenseiten.

Wenn Sie merken, dass die Kraft für diese Besinnung schwächer wird – man hält das anfangs noch nicht lange durch –, dann danken Sie den Kräften des Mondes für ihren Beistand, und verabschieden Sie sich mit einem Blick zum Himmel von ihm. Erden Sie sich, heben Sie den schützenden Kreis auf, und verwahren Sie Ihre Karten gut. Fahren Sie zu einem späteren Zeitpunkt mit dem Ritual fort.

Bedeutung der Tarotkarten

Die großen Arkanen haben einen tiefen Symbolgehalt, der sich für den Benutzer entfaltet, wenn er mit einer Frage an das Tarot herantritt. Für diese Art von Befragung nach den verborgenen Fähigkeiten mag folgende Übersicht zunächst hilfreich sein. Doch zusätzlich sollten Sie immer die Bilder der Karten auf sich wirken lassen und, wenn Sie sich intensiver mit den Karten beschäftigen wollen, auch ein Deutungsbuch hinzuziehen, das immer mehrere Facetten beleuchtet.

(4) DER KAISER
Der Vater
Fähigkeit: Strukturierende Kraft, Objektivität
Schatten: Willkürherrschaft, Selbstherrlichkeit

(5) Der Hohepriester
Der Lehrer
Fähigkeit: Wahrheitssuche, wissenschaftliches Denken
Schatten: Dogmatismus, Intoleranz

(0) DER NARR
Alle Chancen und Risiken
Fähigkeit: Wissensdurst, Vorurteilslosigkeit.
Schatten: Naivität, Verantwortungslosigkeit

(6) Die Liebenden
Die Entscheidung
Fähigkeit: Entscheidungsfreude, Bejahung des anderen
Schatten: Widersprüchlichkeit, Wankelmut

(1) DER MAGIER
Das Wünschen und Handeln
Fähigkeit: Aktivität, Durchsetzungskraft
Schatten: Aggressivität, Machtmissbrauch

(7) Der Wagen
Der Schritt vorwärts
Fähigkeit: Mut, Selbstvertrauen
Schatten: Geltungsbedürfnis, Übermut

(2) DIE HOHEPRIESTERIN
Das innere Wissen
Fähigkeit: Intuition, Empfänglichkeit
Schatten: Lebensangst, Launenhaftigkeit

(8) Die Gerechtigkeit
Die Balance
Fähigkeit: Vernunft, Fairness
Schatten: Selbstgerechtigkeit, Gnadenlosigkeit

(3) DIE KAISERIN
Die Mutter
Fähigkeit: Fürsorge, Hingabe
Schatten: Unflexibilität, Denkfaulheit

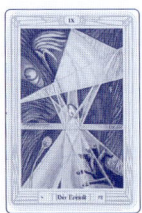

Der Eremit (9)
Die Selbstbesinnung
Fähigkeit: Desillusionierung, Selbstdisziplin
Schatten: Verbitterung, Entfremdung

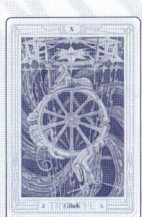

Das Rad (10)

Das Schicksal
Fähigkeit: Wandlungsbereit-
schaft, Einsichtigkeit
Schatten: Fatalismus,
Schwarzseherei

Der Turm (16)

Der reine Tisch
Fähigkeit: Heilkraft aus
Schmerzen, Selbstüber-
windung
Schatten: Selbstzerstörung

Die Lust (11)

Die Zähmung der Triebe
Fähigkeit: Leidenschaftlich-
keit, innere Stärke
Schatten: Sucht, Perversion

Der Stern (17)

Die berechtigte Hoffnung
Fähigkeit: Urvertrauen,
visionäre Kraft
Schatten: Verzagtheit,
Zukunftsangst

Der Gehängte (12)

Der neue Blickwinkel
Fähigkeit: Suche nach Weisheit, geistige Flexibilität
Schatten: Selbstaufgabe,
geistiger Stillstand

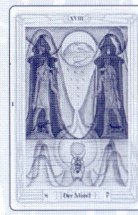

Der Mond (18)

Das Abtauchen
Fähigkeit: Selbsterkenntnis,
Kreativität
Schatten: Selbstbetrug,
Wirklichkeitsflucht

Der Tod (13)

Das natürliche Ende
Fähigkeit: Loslassen,
Neuorientierung
Schatten: Todesangst

Die Sonne (19)

Der neue Mensch
Fähigkeit: Vitalität,
Großzügigkeit
Schatten: Egoaufblähung,
Überheblichkeit

Die Kunst (14)

Das Maßhalten
Fähigkeit: Ganzheitliches
Denken, Mäßigung
Schatten: Übertreibung,
Zerrissenheit

Das Gericht (Aeon) (20)

Die Verwirklichung
Fähigkeit: Selbsterlösung,
Authentizität
Schatten: Größenwahn

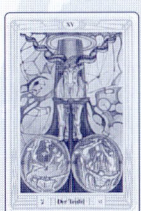

Der Teufel (15)

»Ja, aber…«
Fähigkeit: Kritikfähigkeit,
gesunder Zweifel
Schatten: Destruktivität,
Machtgier

Die Welt (21)

Das höchste Ziel
Fähigkeit: Einklang mit der
Welt, vollkommene
Bewusstheit
Schatten: Sinnlosigkeit,
Depression

Die Zeit der Reife

Der 50. Geburtstag steht mit solchen Begriffen wie »Midlifecrisis« und »Wechseljahre« in Verbindung. Beides wird gemeinhin als negativ betrachtet. Es stellt sich die Frage, ob das wirklich so sein muss.

Der Frauenkörper, in gewissem Umfang auch der Körper der Männer, stellt sich hormonell in diesem Alter um. Manch einer bemerkt das kaum, andere kommen wahrhaft in eine Krise. Dass körperliche Reaktionen vielfach durch das seelische Befinden ausgelöst werden, ist inzwischen hinreichend bekannt. Wenn Sie also mit Misstrauen, Befürchtungen und Ängsten die Umstellung erwarten, werden die Symptome vermutlich heftiger und unangenehmer ausfallen, als wenn Sie gelassen oder gar erwartungsvoll dem Wechsel entgegensehen.

Saturn bewegt sich auf einen 90-Grad-Winkel zu seiner Ursprungsposition zu und steht damit, wie die Astrologen sagen, im Quadrat. Ein unharmonischer Aspekt, heißt das, aber unharmonisch ist nur ein anderer Ausdruck für unbequeme Fragen. Und unbequem sind Fragen nur, wenn man sie nicht recht zu beantworten weiß.

Ritual: Im Zentrum der Sonne

»Der Mensch, der dahin gelangt ist, nichts zu begehren und nichts zu fürchten, ist Meister über alles.«
Eliphas Lévi

Die Frage, die diesen Siebenjahresabschnitt bestimmt, ist die nach den Werten. Auf der einen Seite sind es die materiellen Werte, die man überprüfen sollte, nicht nur wegen der Altersversorgung. Dass man Zukunftssicherung für die Jahre des Alters und gegebenenfalls der Pflegebedürftigkeit betreibt, ist völlig selbstverständlich. Das soll hier nicht diskutiert werden. Das Interesse liegt vielmehr darauf, was für Sie bleibenden Wert hat – die Automarke, das Designerkleid, Schmuck, das Urlaubsziel usw. Man berieselt uns unablässig mit Bildern von Statussymbolen und versucht uns einzureden, wie wichtig sie sind, um im Leben als erfolgreich zu gelten. Bevor Saturn ein zweites Mal wiederkehrt, sollte man sich dahingehend einige Fragen beantwortet haben. Aber auch zu inneren Werten sollte man sich eine Meinung gebildet haben. Aus der Literatur ist die an dieser Stelle aufkommende Frage als die »Gretchenfrage« bekannt. Sofern Sie Goethes »Faust« kennen, wissen Sie, dass das junge Mädchen in ihrer geistigen Einfalt den Professor Dr. Faust in erheblichen Erklärungsnotstand bringt, indem sie fragt: »Nun sag, wie hast du's mit der Religion?« Er hat es nämlich nicht mit dem Christentum, obwohl er durchaus an etwas glaubt. Und an was glauben Sie? An den Fortschritt, die Liebe, die Macht des Geldes …? Glauben Sie auch an sich selbst?

Und über die Werte, sowohl die inneren als auch die äußeren, sollten Sie irgendwann bis spätestens Anfang fünfzig zu einer Erkenntnis kommen. Später wird es Ihnen erheblich schwerer fallen, eine Antwort auf all die Fragen zu finden.

Vorbereitung: Überprüfen Sie Ihren Kontostand und Ihre Vermögenswerte oder Schulden. Sind Sie zufrieden mit dem Stand der Dinge? Wofür geben Sie das meiste Geld aus? Machen Sie eine Jahresbetrachtung:

✠ Wie groß ist der Anteil für das Lebensnotwendige wie Essen, Wohnung, Gesundheit und Weiterbildung?

✠ Wie groß sind die Unterstützungsleistungen, die Sie (neben den staatlich verordneten Sozialabgaben) für Umwelt, Hilfsbedürftige oder Tiere erbringen?

✠ Wie hoch sind Ihre Aufwendungen für Ihre persönliche Entwicklung in Form von Körperpflege und Geistespflege?

✠ Und wie viel geben Sie für Ihre Selbstdarstellung aus, um Ihren Nachbarn, Kollegen, Freunden oder der Familie zu imponieren?

Das Verhältnis dieser vier Kategorien zueinander wird Ihnen eine Einsicht über sich selbst vermitteln, wenn Sie es ehrlich ausrechnen. Und nun die Bilanz der inneren Werte.

✠ Die Lebensnotwendigen: Wahrhaftigkeit, Selbstdisziplin, Verantwortungsgefühl

✠ Die Unterstützenden: Fürsorglichkeit, Herzlichkeit, Humor

✠ Die Persönlichkeitsentwicklung: Aufgeschlossenheit, Optimismus, Kreativität

✠ Die Selbstdarstellung: Großmut, Courage, Würde.

Die vier Kategorien entsprechen den Ausgabepositionen. Besitzen Sie diese Eigenschaften selbst auch? Stellen Sie es einfach mal fest. Sie sind an dieser Stelle nämlich nicht aufgefordert, Rechenschaft abzulegen oder Konsequenzen zu ziehen. Das wäre nicht magisch. Magisch hingegen ist die Beschäftigung mit dem Paradox, dem Widerspruch, der sich logisch nicht klären lässt.

Ritual: Koan – die paradoxe Frage

Und dazu können Sie ein Ritual durchführen, in dem Sie sich mit einem so genannten Koan auseinander setzen. Koan ist ein japanischer Begriff aus dem Zenbuddhismus und bezeichnet eine Aussage oder Frage, die beim ersten Betrachten widersinnig erscheint und mit dem Verstand nicht erklärt oder beantwortet werden kann. Doch derartige Fragestellungen gibt es nicht nur im Zen, sie werden von allen Suchern und Denkern zu allen Zeiten als Mittel verwendet, um Grenzen des Denkens zu erweitern und zu tieferen Einsichten zu gelangen. Es ist im Grunde die einzige Möglichkeit, ein Symbol in seiner Ganzheit zu erfassen. Und darum bekommen Sie an dieser Stelle ein kabbalistisches Koan gestellt. Um es vorwegzunehmen: Die Auflösung finden Sie nicht am Ende des Buches, sondern in Ihrem eigenen Herzen. Ihre Aufgabe im folgenden Ritual ist es, ohne den Verstand die Verbindung zwischen den beiden Begriffen zu erkennen.

Zeit: Sonntags, bei Sonnenschein.
Ort: An einem einsamen Platz in der Natur im Schatten eines Baumes. Sonne und Baum sind in diesem Fall bereits wirksame Symbole.
Hilfsmittel: Das, was Sie benötigen, um einige Zeit im Freien meditieren zu können: eine Decke vielleicht oder ein Kissen.

Ritualablauf: Ziehen Sie das kabbalistische Kreuz, um sich einzustimmen. Noch einmal die kurze Beschreibung:

- ✠ Stellen Sie sich aufrecht und würdevoll hin. Heben Sie den rechten Arm, berühren Sie mit der Hand Ihre Stirn, und sagen Sie laut: »*Ateh*«.
- ✠ Berühren Sie mit der Hand Ihren Solarplexus (das Sonnengeflecht oberhalb des Magens), und sagen Sie: »*Malkut*«.
- ✠ Berühren Sie mit der Hand die rechte Schulter, und sagen Sie: »*ve Geburah*«.
- ✠ Berühren Sie mit der Hand die rechte Schulter, und sagen Sie: »*ve Gedula*«.
- ✠ Schließen Sie beide Hände vor dem Solarplexus, und sagen Sie: »*le Olam, Amen*«.

Dann setzen Sie sich nieder, und zwar so, dass Ihr Rücken möglichst aufrecht und gerade ist, Sie aber ohne Probleme eine Weile ausharren können. Wenn Sie mit gekreuzten Beinen so sitzen können, ist das die beste Haltung, sie ist aber nicht ausschlaggebend für den Erfolg. Wichtig ist, dass Sie sich entspannen können, aber dabei nicht einschlafen.

Atmen Sie einige Male tief ein, und verscheuchen Sie den Plapperverstand. Sie dürfen auch lästige Fliegen verscheuchen oder niesen, wenn ein Sonnenstrahl Sie kitzelt. Nur ablenken lassen dürfen Sie sich nicht davon. Denn Ihr Geist soll sich nun selbstständig mit der Frage beschäftigen, was das Geheimnis von Tipheret ist: die Schönheit und das Opfer. Genießen Sie die Sonne, das Rascheln der Blätter im Baum. Nehmen Sie es wahr, und lassen Sie sich von dieser Heiterkeit der Stille erfüllen. Lassen Sie dazu in Ihrem Inneren Bilder aufsteigen, Worte erklingen oder Erinnerungen wach werden. Lassen Sie diese, ohne sich selbst daran zu beteiligen, sich miteinander verbinden. Wenn Sie abzugleiten drohen, sagen Sie »Tipheret – Schönheit und Opfer«, und kommen Sie zum Thema zurück. Wenn Sie das erste Mal in dieser Form meditieren, wird es Ihnen vielleicht anstrengend vorkommen. Nichtsdestotrotz sollten Sie sich die Eindrücke, die diese Übung auslöst, gut merken. Nach einigen Malen wird Ihnen die Übung leichter fallen. Wenn die inneren Quellen langsam versiegen, kommen Sie in das Alltagsbewusstsein zurück, indem Sie noch einmal tief einatmen und sich langsam und genüsslich strecken. Ziehen Sie zum Abschluss noch einmal das Kabbalistische Kreuz. Und später, wenn Sie wieder zu Hause sind, versuchen Sie, eine Verbindung zwischen dem, was Ihnen während des Rituals »eingeleuchtet« ist, und dem, was Sie aus Ihrer Vorbereitung zu den äußeren und inneren Werten gelernt haben, herzustellen.

Zweite Saturnwiederkehr

»Es gibt keine rasche und einfache Methode, um Saturn zum Freunde zu gewinnen.«
Liz Greene

Wenn Sie ein Alter von ca. 58 Jahren erreicht haben, ist Saturn wieder auf der Position eingetroffen, die er zu Ihrer Geburt innehatte. Der Herr der Einweihung wird Ihnen nun wieder Fragen stellen, und wenn Sie aus seiner ersten Wiederkehr und den darauf folgenden Positionen nichts gelernt haben, dann wird es jetzt ernst. Wenn Sie etwas gelernt haben, wird es lehrreich, und Sie werden feststellen, dass der angeblich so hartherzige Prüfer Ihnen zu tiefer Weisheit verhilft. Haben Sie bis zu diesem Zeitpunkt ein gutes Leben gehabt, dann sollten Sie bedenken, dass Saturn einst auch ein Vegetationsgott war, der über den Ackerbau wachte und den Menschen Nahrung gab. Es ist angebracht, ihm für die reiche Ernte in Ihrem Leben zu danken. Können Sie jedoch seine Frage: »Hast du bis jetzt ein gutes Leben geführt?« nicht aus vollem Herzen mit einem Ja beantworten, dann sollten Sie sich wappnen. Übrigens, die Antwort kann auch heißen: »Ja, trotz allem, was mir widerfahren ist!«

Der kommende Lebensabschnitt führt über die Schwelle des Alters. Und diese Schwelle mag gerade für die heutigen fitnessgestählten Senioren besonders hart zu überwinden sein. Aber die Zeit verläuft nun einmal linear, sie lässt sich weder anhalten noch zurückdrehen. Auch mit Sonnenbank und Facelifting nicht. Und die wesentliche Aufgabe, die Saturn Ihnen jetzt stellt, ist die, sich mit dem Ende des Lebens zu beschäftigen. Der Vater der Zeit ist notgedrungen auch der Herr des Todes. Er trägt das Stundenglas, und aus seiner bäuerlichen Vergangenheit hält er oft auch die Sense in der Hand – zur Ernte.

Tod und Sterben sind Tabuthemen unserer Gesellschaft. Man spricht nur mit gedämpfter Stimme davon, und darüber nachzudenken vermeidet man tunlichst. Warum eigentlich? Der Kreislauf des Lebens schließt den Tod mit ein. Er ist nur eine letzte Trennung, ein letzter Übergang über eine Schwelle. Sie haben schon andere Schwellen überschritten, über die eine Rückkehr unmöglich war. Sie können nicht noch einmal Kind sein, Sie werden sich nie wieder zum ersten Mal erwachsen fühlen, Sie erleben nicht noch einmal den ehrfürchtigen Schauder der ersten Liebe. Sie können eben nicht zweimal im selben Fluss baden, das Wasser von damals ist schon lange ins Meer geflossen. Sie können das Leben nicht zurückdrehen. Aber Sie können sich auf das Kommende bewusst vorbereiten. Andere Kulturen pflegen die Auseinandersetzung mit dem Tod selbstverständlicher als wir, und ein besonders zu Herzen gehendes Beispiel dafür ist ein alter ägyptischer Text, in dem ein Mensch die Fragen des obersten Richters beantwortet.

- ⊕ *Ich habe kein Unrecht gegen die Menschen begangen, und ich habe keine Tiere misshandelt.*
- ⊕ *Ich habe nichts Unrechtes anstelle von Rechtem getan.*
- ⊕ *Ich habe keinen Gott beleidigt, und ich habe nichts getan, was die Götter verabscheuen.*
- ⊕ *Ich habe kein Waisenkind um sein Eigentum gebracht.*
- ⊕ *Ich habe nicht Schmerz zugefügt, und ich habe niemanden hungern lassen.*
- ⊕ *Ich habe keine Tränen verursacht.*
- ⊕ *Ich habe nicht getötet, und ich habe nicht zu töten befohlen.*
- ⊕ *Niemandem habe ich ein Leid angetan.*

Ritual: Das Symbol des Glaubens

*»Mit dem Auftreten von Symbolen ist auch
immer Erwartung verbunden und sogar
Hoffnung, Hoffnung wider bessere Vernunft
auf eine Öffnung, auf ein besseres Leben.«*
Verena Kast

Angst hat man vor dem Ungewissen, und
darum muss man sich einerseits Gewissheit
verschaffen und andererseits einen Halt
suchen, der so fest ist, dass er die Angst
besiegt. Wer festen Glaubens ist, hat diesen
Halt oft. Tief gläubige Menschen – gleichgültig welcher Religion sie angehören – sehen
der letzten Schwelle gelassen entgegen. Aber
tiefer Glaube ist heute leider selten geworden.
Ein Ritual jedoch, eine sinnvolle, symbolische
Form, kann helfen, einen Halt zu finden. Wir
alle brauchen ein Symbol, auf das man sich
verlassen kann. Suchen Sie es, und bewahren
Sie es in Ihrem Herzen, bis Ihre Stunde
kommt.

Vorbereitung: Sammeln Sie Ihre bisherigen
Erfahrungen zu Tod und Sterben. Sie haben
gewiss einige davon bereits gemacht. Famili-
enangehörige und Freunde mögen schon vor
Ihnen gegangen sein, vielleicht haben Sie den
einen oder anderen gepflegt und begleitet.
Welche Vorstellungen haben Sie davon, wie
stellt sich für Sie der Zustand dar, wenn Ihr
irdischer Körper seine Aufgabe erfüllt hat?
Was wünschen Sie sich, woran zweifeln Sie?
Glauben Sie an das Rad der Wiedergeburt,
die Seelenwanderung, die Auferstehung? An
Strafe und Belohnung?

Zeit: Abends bei abnehmendem Mond; ein,
zwei Tage vor Schwarzmond.

Hilfsmittel: Keine. Dies ist ein Ritual, das sich
ganz in Ihrem Inneren vollzieht.

Ritualablauf: Suchen Sie einen stillen, unge-
störten Platz auf, und gehen Sie in Gedanken
das Pentagrammritual und das Exerzitium
der mittleren Säule (siehe Seite 63ff.) durch.
Bitten Sie die magischen Kräfte, die Götter
oder den Kosmos, Ihnen ein Symbol des abso-
luten Vertrauens zu senden. Öffnen Sie Ihren
Geist, lassen Sie die inneren Bilder aufsteigen,
ignorieren Sie die Störungen Ihres Verstandes. Es mag eine Weile dauern und sich wie
ein tastendes Suchen anfühlen, wie ein Irren
durch dunkle Welten. Aber irgendwann zeigt
sich ein Symbol. Ein altes, wahrscheinlich
Ihnen sehr vertrautes Symbol: ein Gesicht, ein
Zeichen, ein Lichtschein, ein Mantra, ein
Gottesname … Lauschen Sie auf Ihre Gefühle
dabei. Ist es das Bild, das Sie als letztes in
Ihrem Leben sehen möchten? Ist das Ihre
Verbindung zu jener anderen Welt hinter der
Schwelle? Was auch immer Sie finden, halten
Sie es fest, und beschließen Sie die Meditation
mit dem Pentagrammritual. Wenn Sie beim
ersten Mal keinen Erfolg hatten, wiederholen
Sie die Suche beim nächsten abnehmenden
Mond. Und achten Sie vor allem auf Ihre
Träume.

Wenn Sie dieses Symbol jedoch in Ihrem
Inneren gefunden haben, dann ist Ihre Aufgabe nach dem Ritual, dieses Symbol in der
materiellen Welt zu manifestieren. Es kann
sein, dass Sie dazu selbst kreativ werden müssen, es mag sein, dass Sie einen Ort aufsuchen,
ein bestimmtes Buch lesen oder einfach

ständig danach Ausschau halten müssen. Wenn es ein wichtiges und richtiges Symbol ist, dann werden Sie es mit Sicherheit bald »ganz zufällig« finden. Binden Sie dieses Symbol in Ihr Leben ein, damit es Ihnen immer gegenwärtig ist. Denken Sie über seine vielschichtigen Bedeutungen nach, denn Symbole haben immer mehr Bedeutungen, als man oberflächlich betrachtet sieht. Arbeiten Sie mit diesem Symbol. Sie können es z.B. immer dann aufrufen, wenn Sie Angst haben, Alpträume Sie quälen oder wenn Sie Festigkeit und Vertrauen in das sinnvolle Wirken des Universums brauchen.

Weitere Stationen

»Eine weise Frau zu werden ist nichts
für Angsthasen.«
Zsuzsanna Budapest

Magie wirkt zu jeder Zeit, in jedem Alter. Ein Mensch über sechzig hat hoffentlich gefunden, was er gesucht hat. Oder er muss sowieso von vorne anfangen, sich mit den unerklärlichen Kräften, den Wundern und Zufällen, den Träumen und Visionen auseinander setzen. Sechzig Lebensjahre beinhalten unzählige glückliche oder betrübliche Erfahrungen, traurige oder schöne Erinnerungen, schmerzliche oder freudige Erkenntnisse, die, richtig verarbeitet, zur Weisheit führen sollten. Und ich wünsche mir, dass Menschen mit dieser Lebenserfahrung wieder die Aufgabe Saturns übernehmen, die jüngeren, die suchenden, manchmal sich verirrenden

Menschen mit Aufrichtigkeit, Anteilnahme, Weitblick und Gnadenlosigkeit zu führen.

Ritual: Selbstsegnung

Auf dem Weg der Selbstfindung des heilen Menschen, der sich selbst annimmt und akzeptiert – trotz seiner Fehler und Schwächen, deren er sich bewusst geworden ist –, kann das Ritual der Selbstsegnung eine Erfahrung hoher Liebe sein. Es ist nicht kompliziert, verlangt keine großen zeremoniellen Vorbereitungen, sondern nur etwas Sorgfalt sich selbst gegenüber. Die Idee zu diesem Ritual stammt von Vicky Gabriel, und es ist eine sehr gute Idee.

Vorbereitung: Suchen Sie sich ein natürliches Duftöl aus, dessen Geruch in Ihnen angenehme, harmonische Gefühle weckt. Ob Sie Rosen lieben oder Sandelholz, Vanille oder Lavendel oder auch eine Mischung nach Ihrer Wahl spielt keine Rolle, aber hautverträglich sollte es sein.

Zeit: Jederzeit.

Hilfsmittel: Ein paar Tropfen Ihres Duftöls, Hautöl oder Körpermilch und eine hübsche Schale.

Ritualablauf: Duschen oder baden Sie genüsslich. Vermischen Sie dann Duftöl und Hautöl oder Lotion in der Schale, und weihen Sie diese Salbmischung. Dazu heben Sie die Schale mit beiden Händen nach oben und bitten die universelle göttliche Energie, die Sie umgibt, sich in ihr zu konzentrieren. Stellen Sie sich vor, dass die Essenz dadurch ein inneres Leuchten entwickelt. Lassen Sie dann langsam die Hände sinken, und stellen Sie die

Schale ab. Die folgende Handlung sollten Sie ganz bewusst und achtsam durchführen und sich von keinerlei störenden Gefühlen ablenken lassen. Nur Sie selbst zählen in diesem Augenblick, Ihnen selbst gilt Ihre ganze liebevolle Aufmerksamkeit. Sie sprechen den Segen über sich selbst. Das ist eine heilige Handlung, und Sie sind ihrer wert.

✛ Mit einem Finger tupfen Sie ein wenig von dem geweihten Salböl auf Ihre beiden Füße und sagen sinngemäß – oder wenn Ihnen das noch zu ungewohnt ist, denken Sie auch nur intensiv: »Ich segne meine Füße, die mich so geduldig durch mein Leben tragen.«

✛ Betupfen Sie Ihre Knie, und sagen Sie sinngemäß: »Ich segne meine Knie, die sich nur in Demut, doch niemals aus Angst beugen sollen.«

✛ Betupfen Sie dann Ihren Unterleib unterhalb des Bauchnabels und sagen Sie sinngemäß: »Ich segne jene Pforte, aus der das Leben in die Welt tritt, das Zentrum meiner Lebensenergie.«

✛ Betupfen Sie den Solarplexus (Sonnengeflecht, unteres Ende des Brustbeins), und sagen Sie sinngemäß: »Ich segne meinen Schutzschild, meine innere Sonne, das Tor zu meiner Kraft.«

✛ Betupfen Sie Ihr Herz, und sagen Sie sinngemäß: »Ich segne mein Herz, das unermüdlich und kraftvoll schlägt, mein Zentrum aller Liebe und Schönheit.«

✛ Betupfen Sie Ihre Hände, dort, wo der Puls schlägt, und sagen Sie: »Ich segne meine Hände, in denen ich mein Schicksal halte und mit deren Hilfe ich es gestalte.«

✛ Betupfen Sie Ihre Stirn, den Punkt oberhalb der Augenbrauen, und sagen Sie sinngemäß: »Ich segne meine Stirn, das dritte Auge, das mir Einsicht und innere Erkenntnis schenkt.«

✛ Betupfen Sie Ihren Scheitel, den höchsten Punkt Ihres Kopfes, und sagen Sie sinngemäß: »Ich segne mein Haupt und das Tor zur Göttlichkeit. Möge es sich schließen, wenn ich Schutz bedarf, und öffnen, um die Weisheit zu empfangen.«

Es umgibt Sie ein warmes, leuchtendes Licht, wenn Sie den Segen über sich gesprochen haben. Verweilen Sie noch etwas bei den liebevollen Gefühlen, die Sie dabei für sich selbst entwickelt haben. Sie können dieses kleine Ritual immer wieder einmal durchführen. Wandeln Sie es nach Belieben ab, wenn bestimmte Körperteile mehr Aufmerksamkeit verlangen. Mag sein, dass Ihr Magen oder Ihre Kehle, Ihre Wirbelsäule oder die Hüftgelenke auch einmal des Segens, der dankbaren Aufmerksamkeit bedürfen.

9. Kapitel

Rituale im Jahreskreis

»Ein jegliches Ding hat seine Zeit, und alles Vorhaben unter dem Himmel hat seine Stunde: geboren werden hat seine Zeit, sterben hat seine Zeit, pflanzen hat seine Zeit, ausreißen hat seine Zeit …«

Prediger 3.1

Sich in regelmäßigen Abständen der Zeit zu erinnern, in der man lebt, mag sich zwar nicht sonderlich magisch anhören, und doch ist dies ein magischer Akt. Wenn Sie wirklich bewusst ein paar Jahre lang auf die Stationen im Sonnenlauf geachtet haben, dann werden Sie viel intensiver der natürlichen Rhythmen des Lebens gewahr. Ich habe festgestellt, dass einem, wenn man im Einklang mit ihnen, nicht gegen sie lebt, deutlich weniger Missgeschicke passieren. Wenn man sich mit den rhythmisch schwingenden Kräften verbindet, unterstützen sie das, was man sich vorgenommen hat. Das bedeutet nicht, dass Sie alle sechs Wochen ein gewaltiges magisches Ritual zelebrieren müssen, aber Sie dürfen es. Sie können auch nur einmal kurz innehalten und sich daran erinnern, an welchem Ort auf dem Rad des Jahres Sie sich gerade befinden und welche Kräfte nun wirksam werden.

Wenn es eine Energie ist, die Sie gerade benötigen, sind diese Tage besonders gut geeignet, um rituelle Magie zu wirken. Es gibt ein paar überlieferte Vorschläge, wie die Gestaltung erfolgen kann, doch sie können natürlich nur den Rahmen für das abgeben, was Sie als Ihren persönlichen Inhalt bestimmen. Hier zunächst die Auflistung der acht Festtage.

1./2. Februar

Imbolc ist der keltischen Brigid gewidmet, Lichtmess der Maria. Traditionell steht dieses Fest mit den Themen Reinigung, Licht und Heiterkeit in Verbindung. Führen Sie rituelle Reinigungen im Wohnbereich und an sich selbst durch. Wenn Sie eine Veränderung an sich wünschen, verwenden Sie Masken in Ihrem Ritual, um Ihre neue Rolle darzustellen.

21. März

Frühlingsäquinox, frühestmöglicher Oster-termin. Das Fest steht unter dem Einfluss des Elements Luft. Traditionell gehört zu dem Fest die Aussaat, und es ist ein guter Zeit-punkt für rituelle Fruchtbarkeitszauber. Die frische Frühlingsluft können Sie für sich nut-zen, um sich die Spinnweben aus dem Kopf pusten zu lassen. Führen Sie ein Ritual durch, in dem Sie das Element Luft einbinden.

30. April/1. Mai

Beltane, Walpurgisnacht ist die pure Lebens-freude und seit Menschengedenken mit Tanz verbunden. Es ist ebenfalls ein altes keltisches Fest, der Beginn des Sommerhalbjahres. Tra-ditionell gehört dieser Tag der Partnersuche, der Liebe und der Lust. An diesem Tag, der vor Lebenskraft nur so pulsiert, sollten Sie sich magisch mit dem Erfolg verbinden.

21. Juni

Sommersonnenwende, Mittsommer, der Höhepunkt des Sonnenjahres. Das Fest steht unter dem Einfluss des Elements Feuer. Tra-ditionell bestimmen Reife und Arbeit diese Zeit, nicht die heute üblichen Ferien. Aber auch die Entscheidung, ernsthafte Bindungen einzugehen, fällt in diese Periode. Es ist ein guter Zeitpunkt für Gesundheitsmagie.

1. August

Das keltische Schnitterfest, Lammas/Lugnasad ist dem Gott Lug und seiner Amme Taillte, einer Erdgöttin, gewidmet. Das traditionelle Thema dieses Tages ist die erste Ernte und der Dank dafür an die Erde. Die klaren Augustnächte eignen sich aber auch hervorra-gend für den Sternschnuppenzauber.

23. September

Herbstäquinox, Erntezeit, Erntedank, aber auch der Beginn der dunkleren Jahreszeit. Das Fest steht unter dem Einfluss des Ele-ments Wasser. Die traditionellen Themen die-ser Zeit sind: Vorrat schaffen und Planung für die kommenden kalten, dunklen Tage. Der Tag ist günstig, um Ballast abzulegen und sich auf den nächsten Zeitabschnitt vorzube-reiten, ob im Leben oder im Jahreskreis. Beziehen Sie das Element Wasser in Ihr Ritual mit ein.

31. Oktober/1. November

Halloween/Allerheiligen war einst das kelti-sche Fest Samhain, das Ende des Jahres. Traditionell wurde der Verstorbenen gedacht, denn der Schleier zwischen den Welten der Lebenden und Toten wird an diesem Tag durchlässig. Der Zeitpunkt ist günstig für Visionssuchen und magische Trancen.

21. Dezember

Wintersonnenwende, Weihnachten, Jul ist der kürzeste Tag des Jahres, und er steht mit dem Element Erde in Verbindung. Traditionelles Thema dieses Tages ist die Hoffnung auf kommende hellere Tage, und damit sind Ora-kel verbunden. Schutzrituale sind an diesem Tag besonders wirkungsvoll, das Element Erde gehört zu diesen Ritualen.

Imbolc

Wenn die Mitte des Winters überschritten war, in unserem gewöhnlichen Kalender also am 1. Februar, feierten die Kelten das Fest Imbolc. Ein anderer Name für diesen Tag lautet Oimelc. Er steht in Verbindung mit dem Lammen der Schafe nach der Schneeschmelze in den milderen Klimazonen. Damit stand auch die erste frische Milch nach dem Winter zur Verfügung. Für uns ist es eine Selbstverständlichkeit, in das Kühlregal zu greifen und Milch herauszunehmen. Aber hin und wieder sollte man sich auch einmal bewusst werden, was die ständige Verfügbarkeit von frischer Milch bedeutet – nämlich den Tod der Kälber, für die sie eigentlich von Natur aus gedacht ist. Von Lämmern und Kälbern umgeben wird auch die Heilige Brigid dargestellt, die, wie die keltische Göttin Brigantia/Brigid, u.a. die Schutzpatronin des Viehs war. Der Festtag der Brigid in heidnischer wie in christianisierter Form ist der 1. Februar. Bei uns erinnert Lichtmess an das keltische Imbolc.

Traditioneller Ritualvorschlag zu Imbolc: Raumklären

»Und es ist gewiss eine grandiose Konzeption, die Phasen des menschlichen Lebens mit denen des tierischen und pflanzlichen Lebens zu verknüpfen und sie darüber hinaus – aufgrund einer gleichsam vorwissenschaftlichen Erkenntnis – mit den großen Rhythmen des Universums in Verbindung zu bringen.«
Arnold van Gennep

Die Liturgie der alten keltischen Rituale ist uns nicht oder nur bruchstückhaft überliefert. Von Imbolc, dem Fest, der länger werdenden Tage, wissen wir nur, dass Hände, Füße und Haupt zu waschen waren. Es ist ein Reinigungsfest, mit dem man sich auf den Neuanfang des arbeitsreichen Jahreskreises einstellte. Auch die Wohnstätten, in denen man die kalten Tage in enger Gemeinschaft verbracht hatte, wurden gesäubert und gelüftet. Die Tiere wurden auf die Weiden gebracht, und die Ställe wurden ausgemistet. Diese ganz profanen, notwendigen und sich immer wiederholenden Tätigkeiten wurden auch zu symbolischen Handlungen. Eine Reinigung, ein Aufräumen, Ausmisten und Neuordnen, bevor man ein nächstes Projekt in Angriff nimmt, hat auch einen rituellen Charakter, der mehr als nur in der realen Welt Wirkung zeigt. Imbolc hat in unserer elektrisch erleuchteten Welt, in der die Milch aus Tüten kommt, seinen ursprünglichen Sinn verloren. Aber Sie können die traditionelle Bedeutung wieder aufleben lassen. Führen Sie ein Raumreinigungsritual durch.

Vorbereitung: Sie möchten in Ihrem Zuhause sicher eine angenehme Atmosphäre haben, in der sich alle, die darin wohnen, behaglich fühlen. Mit einer Raumklärung vertreiben Sie die unangenehmen Schwingungen und laden die Zimmer anschließend mit heller Energie auf. Räumen Sie gründlich auf, und putzen Sie das Haus. Währenddessen können Sie schon intensiv darüber nachdenken, wo und wie Sie das energetische Klima verbessern können. Und dann formulieren Sie –

möglichst gemeinsam mit Ihren Mitbewohnern – Ihren Wunsch, in welcher Atmosphäre Sie nach der Reinigung leben wollen. Dabei unterstützt Sie die Farbe der Kerzen. Zusätzlich können Sie die Kerzen mit Duftöl bestreichen und damit ebenfalls die Wirkung verstärken.

Ort: Ihre Wohnung oder Ihr Haus.

Zeit: Am 1. Februar, in der Dunkelheit.

Hilfsmittel: Eine Kerze und einige Tropfen Duftöl Ihrer Wahl. Die Kerze sollten Sie sorgfältig auswählen, denn je größer Ihr persönlicher Bezug zu den Hilfsmitteln ist, desto wirkungsvoller sind sie.

Ritualablauf: Erden Sie sich, bevor Sie die Kerze zur Hand nehmen. Dann konzentrieren Sie sich ausschließlich auf die folgenden Handlungen und Ihre damit verbundenen Wünsche. Nehmen Sie ein, zwei Tropfen Duftöl, und streichen Sie die Kerze von der Mitte nach oben und anschließend von der Mitte nach unten damit ein. Weihen Sie anschließend die Kerze dem entsprechenden Zweck, indem Sie Ihre Absicht kundtun. Das können Sie beispielsweise mit den Worten tun:

»Ich rufe die magischen Kräfte des Feuers und weihe diese Kerze der Reinigung und dem Schutz des Raumes. Möge ihr Licht die Dunkelheit vertreiben und in ihrer Flamme sich … (was vertrieben werden soll) in … (was gewünscht wird) wandeln.«

Blau **Wasser/Mond**
Beseitigt: Alle zu heftigen Gefühle
Unterstützt: Gelassenheit, Entspannung
Düfte: Sandelholz, Jasmin oder Vanille

Grün **Erde/Venus**
Beseitigt: Mattigkeit, Trägheit
Unterstützt: Wachstum, Lebenskraft
Düfte: Salbei oder Patchouli

Gelb **Merkur/Luft**
Beseitigt: Traurigkeit, Konzentrationsschwäche
Unterstützt: Lernen, Heiterkeit
Düfte: Zitrus, Minze oder Rosmarin

Orange **Merkur**
Beseitigt: Einsamkeit, Depression
Unterstützt: Geselligkeit, Gespräche
Düfte: Orangen, Neroli oder Lavendel

Rot **Mars**
Beseitigt: Willenlosigkeit, Müdigkeit
Unterstützt: Leidenschaft, Lust, Tatkraft
Düfte: Moschus, Zimt oder Thymian

Rosa **Venus**
Beseitigt: Hartherzigkeit, Bitterkeit
Unterstützt: Zärtlichkeit, Einfühlungsvermögen
Düfte: Vanille, Rose oder Veilchen

Violett **Jupiter**
Beseitigt: Rechthaberei, Frömmelei
Unterstützt: Großmut, Meditation
Düfte: Zedernholz oder Weihrauch

Weiß
Beseitigt: Für alle Zwecke geeignet
Unterstützt: Reinheit, Klarheit
Düfte: Lavendel

Schwarz **Saturn**
Beseitigt: Dient generell der Bannung
Unterstützt: Würde und Verführung
Düfte: Zypresse, Weihrauch

Entzünden Sie die Kerze. Ihre Flamme wird nun als Verstärker Ihrer Absicht wirken. Mit der Kerze gehen Sie nun langsam zusammen mit Ihren Mitbewohnern von Raum zu Raum und leuchten die Bereiche aus, in denen die energetische Atmosphäre verbessert werden soll. Bleiben Sie überall dort stehen und blicken Sie in die Flamme. Geben Sie ihr Ihren Wunsch mit, und stellen Sie sich vor, wie er durch das Licht den ganzen Bereich füllt. Wenn Sie durch alle Zimmer gegangen sind, danken Sie den magischen Kräften des Feuers für ihre Unterstützung. Löschen Sie anschließend die Kerze sorgfältig. Da es sich um einen magischen Akt handelt, wird die Kerze nicht ausgeblasen, sondern der Docht in das Wachs getaucht.

Erden Sie sich anschließend durch ein gemeinsames Essen. Als Farbe wird bei den Imbolcritualen gerne Weiß verwendet – weiße Blüten, weiße Kerzen, Gebäck aus weißem Mehl, Milch und weiße Eier. In dieser feierlichen Atmosphäre Ihres Heims können Sie dann in Angriff nehmen, was Sie sich für dieses Jahr vorgenommen haben.

Magisches Thema zu Imbolc – Maskerade

»[Die] künstlich zu schaffende magische Persönlichkeit [hat] voll und ganz unter der Willenskontrolle des Magiers zu stehen, und [es] darf ihr unter keinen Umständen erlaubt werden, in Erscheinung zu treten oder sich auch nur bemerkbar zu machen, ohne dass es der Magier ausdrücklich und hellbewusst will.«
Walter E. Butler

Rollentauschfeste hat es zu allen Zeiten gegeben, uns ist der Karneval geblieben. Ihm geht allerdings manchmal eine gewisse Magie ab. Dennoch, es lohnt sich, über den Rollenwechsel nachzudenken, denn wenn wir ehrlich sind – wir spielen ständig irgendwelche Rollen und maskieren uns dabei. Mit Lust und Freude manchmal, oft notgedrungen und allzu häufig unbewusst oder von inneren oder äußeren Zwängen getrieben. Magie ist das Sichbewusstwerden der eigenen Rollen, das wissentliche und willentliche Annehmen oder Wiederablegen dieser Rollen. Hohe Magie ist es, unter allen Masken und Kostümen sein ehrliches Selbst zu erkennen und zu bewahren. Aber das ist ein langer Weg und nicht mit einem einzigen Ritual zu erreichen. Aber der Weg zur Selbsterkenntnis erfolgt eben auch Schritt für Schritt.

Vorbereitung: Beantworten Sie sich selbst erst einmal die Frage, wie Sie gern sein möchten und was Sie in dieser Gestalt erreichen möchten. Wählen Sie dazu einen Archetypus, eines der Urbilder, wie sie etwa im Tarot dargestellt werden, wie es die Planetengötter sind oder auch die schamanischen Krafttiere. Und dann überlegen Sie, wie Sie die Maske dieser Gestalt entwerfen können und welche symbolische Handlung Sie durchführen sollten, damit Ihr Wunsch in Erfüllung geht. Im magischen Ritual, dem großen Schauspiel, geht es darum, die zukünftige Wirklichkeit durch Symbole und symbolische Handlungen vorwegzunehmen, damit sie sich anschließend in Ihrem Leben manifestieren. Das bewirken die magischen Kräfte, die man anruft, evoziert oder, wie in diesem Fall, invoziert, also deren Rolle annimmt.

Zeit: Imbolc oder Karneval.

Hilfsmittel: Die Hilfsmittel werden je nach Ihren Fähigkeiten reichhaltig sein, denn Sie dürfen keine fertige Maske verwenden, sondern müssen das Gesicht selbst herstellen. Es gibt genügend Bastelmaterial, das Sie dafür verwenden können. Buntes Papier, Pappmaché, Krepp, Stoffe, Draht und Farben können Sie einsetzen, oder Sie experimentieren mit Bühnenmake-up. Es mag sein, dass Sie dieses Ritual auch mit anderen zusammen durchführen, das kann sehr inspirierend sein. Suchen Sie auch die Gegenstände zusammen, die Sie für Ihre symbolische Handlung benötigen. Eine Glocke oder einen Wecker brauchen Sie auch.

Ritualablauf: Führen Sie das Pentagrammritual und das Exerzitium der mittleren Säule durch, um die Ernsthaftigkeit des Rituals zu gewährleisten (siehe Seite 60ff.). Mit der daraus gewonnenen Energie machen Sie sich daran, Ihre Maske zu gestalten oder sich zu schminken. Nehmen Sie sich Zeit dafür, und konzentrieren Sie sich auf die Eigenschaften dessen, was Sie werden wollen. Ob Große Mutter oder Hohepriester, Wolf oder Tigerin, Mondfrau oder Sonnenheld – diese Gestalt werden Sie sein, wenn Sie die Maske tragen. Wenn Sie fertig sind, stellen Sie sich bitte den Wecker auf eine bestimmte Zeit, oder bitten Sie einen der Teilnehmer, der keine Maske trägt, die Glocke nach längstens einer Viertelstunde zu läuten. Invokation ist kein harmloses Spiel, und Sie müssen wieder in die Wirklichkeit zurückgeholt werden.

Setzen Sie die Maske auf, werden Sie, was Sie werden wollen, und handeln Sie, wie Sie handeln wollen. Beschließen Sie das Ritual nach dem Glockenläuten, und nehmen Sie die Maske ab, oder wischen Sie die Schminke weg. Vollziehen Sie noch einmal das Pentagrammritual, und erden Sie sich nötigenfalls noch einmal intensiv.

Noch einmal: Bewusst und intensiv eine Rolle anzunehmen ist nicht ohne Gefahr. Wählen Sie auf jeden Fall eine Gestalt, die mit positiven Eigenschaften besetzt ist, damit Sie anschließend nicht entsetzt die Folgen tragen müssen. Wählen Sie Ihre Rolle deshalb besonders sorgfältig aus.

Frühlingstagundnachtgleiche

Das Sonnenfest der Frühlingsäquinox am 21. März kann in manchen Jahren mit dem frühestmöglichen Ostertermin (erster Vollmond nach Frühlingsbeginn) übereinstimmen. Meistens tut er es nicht. Doch Ostern, das Fest der Marter, des Todes und der Auferstehung, hat im alten Volksbrauchtum nie seinen Bezug zur Fruchtbarkeit und dem neuen Leben verloren. Die Ostereier, tiefstes und umfassendstes Symbol der Fruchtbarkeit, verstecken die Hasen, die heiligen Tiere der Liebesgöttin Aphrodite, noch heute im frischen grünen Gras. Die Natur ist erwacht – auferstanden aus der winterlichen Erstarrung. Und wenn Sie sich abgehärtet und unempfänglich gegen jede Art von Wunder fühlen, dann empfehle ich Ihnen einmal, ein, zwei Tage lang einen knospenden Zweig zu beobachten. Zu erleben, wie sich ein zartes, grünes Blatt entfaltet, kann die Ehrfurcht vor dem Leben wieder wecken.

Frühlingsäquinox und die für diese Zeit typischen Frühlingsstürme gehören zusammen, der frische Wind bringt frische Ideen und klärt den nach einem langen Winter verstaubten Geist. Nutzen Sie die magischen Kräfte der Luft an diesem Tag.

Traditioneller Ritualvorschlag zur Frühlingsäquinox: Der grüne Hauch

»Sie wandelt alles, was sie berührt, alles, was sie berührt, wird gewandelt.«
Koregesang nach Starhawk

Es ist so weit, überall kommen die Blättchen und Triebe hervor. Und nicht nur in Ihrem eigenen Garten, auch in dem des Nachbarn, im Stadtpark, auf dem Grünstreifen und in der gezähmten oder ungezähmten Natur.

Vorbereitung: Bringen Sie Ihren Garten in Ordnung. Wenn Sie keinen Garten haben, dann machen Sie einen Spaziergang durch die Natur, und suchen Sie einen Flecken, der Ihrer besonderen Aufmerksamkeit wert erscheint. Entscheiden Sie, ob das die wohlgepflegten Rosenrabatten im Park sind oder die jämmerlich vor sich hinvegetierenden Büsche eines städtischen Grünstreifens. Führen Sie dieses Ritual entweder allein durch oder besser noch mit Freunden oder mit Ihren Kindern gemeinsam.
Ort: Ein Ort, den Sie gewählt haben.

Zeit: Frühlingsäquinox.
Hilfsmittel: Keine.
Ritualablauf: Erden Sie sich gut. Zur Einstimmung eignet sich hierbei die Baummeditation. Dabei stellen Sie sich mit bloßen Füßen auf den Erdboden, so dass Sie sich richtig standfest fühlen. Schließen Sie dann die Augen, und atmen Sie zehn Mal tief in den Bauch ein. Wenn Sie sich auf diese Weise entspannt haben, stellen Sie sich vor, dass Sie ein Baum sind, dessen Wurzeln tief in das Erdreich wachsen. Von dort zieht sich die Kraft der Erde wie kristallklares, nahrhaftes Wasser durch die Wurzeln nach oben in Ihren Körper. Wenn Sie sich von dieser lichten Energie angefüllt fühlen, lösen Sie sich von der Erde, und beginnen Sie Ihren Rundgang. Streichen Sie mit Ihren Fingern sanft über knospenbesetzte Äste, und wünschen Sie Büschen und Bäumen ein gesundes Jahr. Bücken Sie sich zu den ersten Blüten nieder, und berühren Sie sie, während Sie ihnen Schönheit, Kraft und Gedeihen wünschen. Legen Sie Ihre Hände heilend auf die Wunden, die Sturm, Sägen oder Äxte hinterlassen haben, halten Sie Ihre Hände segnend über die Stellen, an denen frisch eingesäte Samen auf ihr Erwachen warten. Seien Sie kreativ in dem, was Sie den einzelnen Pflanzen wünschen, und konzentrieren Sie sich ganz darauf, diese Segnung durchzuführen. Sie sind der Kanal der Energie, durch Sie fließt die magische Kraft des Wohlwollens und hilft den Pflanzen auf ihrem Weg der Entfaltung. Sie dürfen das Ritual natürlich auch an den folgenden Tagen und Wochen wiederholen. Pflanzen schätzen die liebevolle Hinwendung.

Magisches Thema zur Frühlingsäquinox: Frischer Wind im Beruf

»Der Zufall ist immer kraftvoll.
Lass deinen Haken immer ausgeworfen;
im Teich werden dort Fische sein,
wo du sie am wenigsten erwartest.«
Ovid

Kreativität ist das zweite Thema, das der Frühlingsbeginn unterstützt. Wir benötigen sie in allen Lebensbereichen, doch im Beruf wird sie sehr häufig besonders stark verlangt. Ist die Forderung zu hoch, zu unablässig, dann versiegt die Quelle der Inspiration, versanden die Visionen, vertrocknet die Phantasie. Dafür spinnen staubige Gewohnheitsdämonen ihre grauen Netze der Nebensächlichkeiten, und irgendwann wird man sich lustlos und ausgebrannt fühlen. Ist der Punkt erreicht, an dem der Spaß am Beruf verloren gegangen ist, muss man umdenken.

Vorbereitung: Welche Beschäftigung macht Ihnen richtig Spaß? Wenn Sie im Augenblick darauf gar keine Antwort finden, ist die Lage wirklich ernst, und Sie sollten mit dem Einsatz von Magie warten, bis sich die Depression etwas gelichtet hat. Wenn aber noch ein Fünkchen von Lust da ist, sollte es angefacht werden. Schreiben Sie die unbequemen Fragen auf, die Ihnen der missgünstige Dämon in Ihrem Inneren immer wieder stellt. Beispielsweise:

⊕ Kann man davon denn leben?
⊕ Muss ich davon leben können?
⊕ Was werden die Leute/die Familie sagen?
⊕ Habe ich überhaupt das Talent dazu?
⊕ Muss man denn da nicht eine lange Ausbildung machen? Usw.

Beantworten Sie dem Dämon diese Fragen noch nicht, sondern stärken Sie sich zunächst einmal mit dem frischen Wind.

Zeit: Frühlingsäquinox.

Hilfsmittel: Ihre Aufzeichnungen. Um die magischen Kräfte der Luft gebührend einzuladen, kleiden Sie sich selbst in etwas Gelbes. Benutzen Sie ein zitroniges Parfüm, verwenden Sie gelbes Licht oder gelbe Kerzen.

Ritualablauf: Reinigen Sie sich rituell, also etwa durch absichtsvolles Waschen von Händen, Füßen und Gesicht. Legen Sie die rituelle gelbe Kleidung an, erden Sie sich, und ziehen Sie den schützenden Kreis. Und dann schicken Sie den Kräften der Luft eine herzliche Einladung, eine inbrünstige Anrufung an die kreativen, frischen, visionären Kräfte des Frühlingswindes, und bitten Sie sie, Ihnen bei der Beantwortung der Fragen des staubigen Dämons beizustehen. Drehen Sie sich dabei gegen Osten, und heben Sie die Hände, damit Sie die Kraft empfangen können. Stellen Sie sich vor, wie der Wind an Ihren Kleidern zerrt, durch Ihre Haare fährt, Ihren Kopf frei pustet. Sie sind jetzt erfüllt von Zuversicht und Vertrauen auf die Zukunft. Beantworten Sie jetzt die Fragen so, als ob Sie jedes Hindernis meistern könnten. Die Magie der Luft lässt Sie die ungewöhnlichsten Vorstellungen entwickeln, denn wenn man etwas wirklich will, dann findet sich auch immer ein Weg. Wenn man wirklich zu etwas berufen ist, dann wird man darin auch seine Erfüllung finden. Oder sie in seinem Beruf finden.

106

Stellen Sie sich vor, wie es sein wird, wenn Sie endlich die Tätigkeit ausüben, die Ihnen echte Befriedigung schenkt. Versenken Sie sich in diese beglückende Idee.

Beenden Sie das Ritual anschließend durch Danksagung an die magischen Kräfte der Luft, erden Sie sich noch einmal, und heben Sie den Kreis auf. Und dann – ganz wichtig – machen Sie einen langen Spaziergang durch die Frühlingslandschaft. Gleichgültig, was für ein Wetter herrscht. Wenn Wind weht, lassen Sie sich richtig durchpusten. Und bei diesem Spaziergang denken Sie über die nächsten möglichen Schritte nach, die Sie auf dem Weg zu Ihrem Ziel machen können. Achten Sie in den kommenden Tagen auf Zufälle – Stellenangebote, Weiterbildungsmöglichkeiten, Inserate, Lehrgänge …

Beltane

Die Verehrung der alten keltischen Götter hat an manchen Orten in Form der Maikönigin überlebt. Auch der bunt geschmückte Maibaum gehört zu den Überresten alten Brauchtums zum 1. Mai, und dieser wird noch vielerorts aufgestellt. Am 1. Mai führte die junge Göttin die Festlichkeiten an, bei denen sich die feiernden Frauen und Männer tanzend und singend in die Wälder begaben und dort wahrlich nicht nur Blumen pflückten. Die Göttin des Landes vermählte sich an diesem Tag mit dem König, die heilige Hochzeit gewährleistete die Fruchtbarkeit des Gebietes, über das sie herrschten. Beltane ist ein Frühlingsfest, ein fröhliches, hoffnungs-volles Fest, in dem Liebe und Liebelei eine entscheidende Rolle spielen. Beltane war bei den Kelten ein Feuerfest, d.h., es wurden reinigende Feuer entzündet, durch die man die Herden trieb, aber um die auch getanzt wurde. Licht und Wärme stehen in Verbindung mit Beltane, es beginnt das Reich der hellen Tage, das bis Samhain andauert.

Aber nicht nur die zwischenmenschlichen Beziehungen sind hier von entscheidender Wichtigkeit. Es ist vor allem auch die Liebe zur Natur, zum Land, zu den Bäumen im jungen Grün, den bunten Frühlingsblumen, dem frischen Wind und dem Sonnenschein, der dunklen Erde auf den Feldern und dem Gesang der Vögel.

Traditioneller Ritualvorschlag zu Beltane: Das magische Glas

»Verliebtheit ist ein Zustand der Gnade,
ein Geschenk, das wir bekommen,
ohne dafür gearbeitet zu haben.«
Joan Borysenko

Welcher Single möchte nicht gerne wissen, ob es nicht doch einen Partner gibt, mit dem man zumindest einen Lebensabschnitt verbringen kann. Die Magie der Partnersuche ist eine ganz eigene. Ist Ihnen nicht schon mal aufgefallen, dass Menschen, die bislang recht unscheinbar neben Ihnen herlebten, urplötzlich eine ganz andere Ausstrahlung haben? Es ist, als ob sie ein Plakat vor sich hertrügen, auf dem steht: »Bin auf der Suche!« Und – Wunder über Wunder – kurz darauf ist es passiert, es hat sich ein Freund oder eine Freundin gefunden. Wie kommt diese »magische Anziehungskraft« zustande? Wenn man das wirklich wüsste, dann hätte das ganze Suchspiel seinen Reiz verloren. Wie Magie funktioniert, wissen wir nicht. Nur dass sie funktioniert. Versuchen Sie es mit der »magischen Mustererkennung«, indem Sie an Beltane in die Kristallkugel schauen.

Vorbereitung: Was suchen Sie wirklich? Wie soll Ihr Partner sein? Beantworten Sie nicht nur die Frage nach dem Aussehen, sondern nach seinem Wesen. Das Aussehen ist nämlich letztendlich immer gleichgültig, wenn man seinen Gefährten, den anderen Teil seines Selbst, gefunden hat.

Zeit: Am 1. Mai.

Hilfsmittel: Eine Kristallkugel oder eine kugelförmige Vase, gefüllt mit klarem Wasser. Eine rosafarbene Kerze oder rosiges Licht. Es ist die Zeit für Veilchen, pflücken Sie ein Sträußchen, auch einige junge Birkenreiser sollten als Schmuck dienen. Als hilfreichen Gast zu diesem Ritual laden Sie Venus ein.

Ritualablauf: Reinigen Sie sich absichtsvoll, aber mit Genuss. Erden Sie sich, und legen Sie um sich einen schützenden Kreis aus Veilchen und Birkenblättern. In diesen Kreis rufen Sie die Göttin Venus zu Hilfe, und dann lassen Sie sich vor der Kristallkugel oder der Vase nieder, so dass das Licht nicht direkt hineinfällt. Konzentrieren Sie sich auf Ihre Frage nach dem Partner, schließen Sie die Augen, atmen Sie zehn Mal tief ein, und wenn Sie ruhig geworden sind, öffnen Sie die Augen, um in die Kugel zu schauen. Halten Sie Ihren Blick unfokussiert, und starren Sie,

ohne zu blinzeln, so lange wie Sie können. Es mag sein, dass Sie nichts sehen, aber Sie werden die Ausstrahlung jenes Wunschpartners verspüren, seine Art, seinen Charakter vielleicht, die Gefühle, die mit ihm verbunden sind. Das alles wird sich in ein sehnsuchtsvolles Muster verweben, das Sie tief in sich verankern sollten. Wenn Sie das Gefühl haben, dass Sie eine Vorstellung von Ihrem zukünftigen Partner erhalten haben, ja sozusagen schon ein wenig in ihn verliebt sind, beenden Sie das Ritual mit Danksagung, Erdung und Aufhebung des Kreises. Anschließend gehen Sie zu einem Maifest. Möglicherweise passiert noch nichts Konkretes an diesem Tag, aber die Fäden in dem magischen Universum sind geknüpft, und Sie werden erkennen und erkannt werden. Achten Sie besonders auf zufällige Begegnungen.

Magisches Thema zu Beltane: Jupiters Kleeblatt

»[Sigillen] werden somit zu einem integralen Bestandteil des Organismus, der seinerseits mit aller Macht und Kraft seiner Zellen darauf hinarbeitet, sie in Ereignisse umzusetzen.«
Frater V∴D∴

Wenn Sie sich im Mai in der Natur umsehen, werden Sie erkennen, dass alles mit Macht wächst und sprießt. Täglich entfalten sich mehr Blätter, blühen neue Blumen auf, summen Bienen geschäftig durch die Blütenpracht, schlüpfen Vögel aus den Eiern, und die Jungtiere wagen ihre ersten Ausflüge. Eine Zeit des ungehemmten Wachstums ist angebrochen. Nutzen Sie die allenthalben im Überfluss vorhandene Magie, um Ihren eigenen Erfolg im Leben zu unterstützen. Und kein anderer als der großzügige Göttervater Jupiter selbst wird Ihnen bei Ihren Ritualen beistehen.

Vorbereitung: In welchen Bereichen Ihres Lebens wollen Sie Erfolg haben? Und wie soll dieser Erfolg aussehen? Sagen Sie nicht einfach: »Ich will mehr Geld haben!« Das hat mit Erfolg nichts zu tun, denn wenn Sie mit dieser Formulierung an die magischen Kräfte herantreten, dann kann beispielsweise die Versicherung Ihres Unfallgegners zur Erfüllung dieses Wunsches beitragen und Ihnen ein hohes Schmerzensgeld zahlen. Die verlorene körperliche Unversehrtheit aber hat noch kein noch so hoher Betrag wirklich ersetzen können. Also gehen Sie etwas tiefer in sich, und überlegen Sie, wo Sie wirklich Erfolge erzielen möchten. Und dann gestalten Sie ein persönliches Symbol dafür. Schreiben Sie den Wunsch in einem kurzen, positiv formulierten Satz nieder. Zum Beispiel: »Bis zum Jahresende Beförderung zum ... (Ihr Ziel).« Vergessen Sie nicht, einen Zeitraum festzulegen, sonst erfüllt sich der Wunsch vielleicht erst kurz vor Ihrer Pensionierung. Anschließend verwandeln Sie diesen geschriebenen Satz bis zur Unkenntlichkeit. Vielleicht schreiben Sie alle gleichen Buchstaben darin hintereinander und formen ein vierblättriges Kleeblatt daraus. Übertragen Sie das Bild auf ein neues Blatt Papier. Dieses Sigill werden Sie in dem Erfolgsritual einsetzen.
Zeit: 1. Mai, nachts.

Hilfsmittel: Jupiter soll Sie unterstützen, und er liebt Purpur, die majestätische Farbe. Verwenden Sie sie also reichlich. Sein Symbol ist der Stab, und sofern Sie einen magischen Stab besitzen, setzen Sie ihn ein. Schmücken Sie Ihren Altar mit vier purpurnen Kerzen und Eichenlaub, verwenden Sie Zedernduft entweder als Räucherung oder als Duftöl, und legen Sie Ihr Sigill zwischen die Kerzen. Eine feuerfeste Schale mit Sand brauchen Sie auch noch.

Ritualablauf: Reinigen Sie sich. Wenn Sie dazu eine besonders magische Flüssigkeit verwenden wollen, sammeln Sie am Morgen des 1. Mai etwas Tau, und betupfen Sie Gesicht und Haare damit. Erden Sie sich, und ziehen Sie den schützenden Kreis um sich, zünden Sie die Kerzen an, und rufen Sie die großzügigen Jupiterkräfte an, dass Sie Ihnen beistehen. Der Göttervater liebt es pompös, also sparen Sie nicht mit Schmeichelei und würdevollen Anreden.

Nachdem Sie den großen Jupiter angerufen haben, konzentrieren Sie sich ausschließlich auf das Sigill, das zwischen den Kerzen liegt. Starren Sie es an, so lange sie können, und übergeben Sie so das Bild an die Erfolg verheißenden Kräfte. Schließen Sie dann kurz die Augen, und blinzeln Sie etwas. Verbrennen Sie dann das Blatt mit dem Sigill in der Schale mit Sand. Danken Sie Jupiter für seine Hilfe, verabschieden Sie ihn, heben Sie den Kreis auf.

Anschließend lenken Sie sich so gut wie möglich ab, denn die beste Sigillenmagie nützt nichts, wenn man das Sigill und den dahinterstehenden Wunsch nicht vergisst.

Dich rufen wir an,
Jupiter, Allvater, Allgestalter,
der du das Universum erfüllst
mit Barmherzigkeit.
Dich rufen wir an,
mächtiger Schöpfer und Erhalter.
Auf dass du Freude spendest,
Glück und Heiterkeit.
Dich, vor dessen Zepter die Elemente erbeben
Und dessen Königreich
ist der unendliche Raum,
zu dir und deinem Glanz lass uns erheben
dessen sonst kein Auge fähig anzuschaun.
Dich rufen wir an,
König der vier Welten voller Macht,
der du der Herr des Würfels bist
und der Pyramiden,
der du durch dein Gesetz schufst
Fülle und Pracht,
schenke uns Fröhlichkeit,
Wohlergehen und Frieden.
Dich, der du Jupiter,
Iovis, Zeus und Amun bist,
milder König, Gott des Glückes
und der Herrlichkeit,
du, dessen Überfülle stets aufs Neue
sich ergießt,
schenke uns Frohsinn,
Reichtum und Zufriedenheit.
Michael DeWitt

Sommersonnenwende

Mittsommer, der längste Tag des Jahres – die Sonne hat ihre ganze Kraft entfaltet und wird von diesem Tag an nun wieder weniger lang die Erde bescheinen. Doch der Sommer beginnt erst, die heiße Zeit steht bevor, das Getreide und die ersten Früchte reifen. Es kann auch zu Trockenheit und Dürre kommen – zu viel der Sonne ist der Natur und dem Menschen nicht immer zuträglich. Früher war der Beginn der Reife auch der Beginn der Ernte, eine harte Arbeitszeit, für uns steht meistens der Urlaub an. Der Rhythmus der Erde aber verlangt nicht nach Entspannung, sondern die Kräfte, die jetzt wirken, heißen Tatendrang und Dynamik. Feuer ist das Element der Sommersonnenwende.

Traditioneller Ritualvorschlag zur Sommersonnenwende: Feuersprung

»Drum prüfe, wer sich ewig bindet,
ob sich das Herz zum Herzen findet.«
Schiller

In manchen Gebieten werden noch Mittsommerfeuer entzündet, zum Teil wurden sie zu Johannisfeuern umgewidmet (am 24. Juni ist das Fest Johannes des Täufers), ein überaus fröhliches Brauchtum, das mit Tanz und Wein begangen wurde und auch heute noch wird. Der gemeinsame Sprung eines Paares durch das Feuer bekräftigte seine Beziehung zueinander.

Beziehungen reifen, und irgendwann kommt der Entschluss, das weitere Leben gemeinsam zu gestalten. Doch einfach nur die Möbel zusammenzurücken und von nun an aus einem Kühlschrank zu leben, damit ist es nicht getan. Der Übergang vom Alleinleben zur gelebten Partnerschaft bedeutet einen gewaltigen Einschnitt im Leben und bedarf eigentlich eines sorgfältigen Übergangs von einem Status zum anderen. Nicht umsonst sind in allen Kulturen mit der Partnerbindung Übergangsriten verbunden. Verabschiedung, Loslösung vom alten Zustand, Zwischenzeit zum Nachdenken (Drum prüfe, wer sich ewig bindet …) und Eingliederung in den neuen Lebensabschnitt als Paar sollten auch heute noch eingehalten werden. Denken Sie darüber nach, wenn Sie vor einem solchen Schritt stehen. Junggesellenabschied, Polterabend und Hochzeit sind nur noch ein müder Abklatsch dieses eigentlichen, sehr bedeutsamen Rituals.

Sie sollten – und zwar jeweils jeder für sich alleine – Ihre eigene Ablösung vom alten Leben rituell begehen, indem Sie sich sorgfältig überlegen, was dem neuen Zusammenleben mit einem Partner abträglich sein kann oder was überflüssig wird: Angewohnheiten, Vorlieben, Möbel, Kleidungsstücke, Freunde … Und dann trennen Sie sich in einer bewusst durchgeführten Handlung von alledem. Auch der Sperrmülltermin kann ein magischer Zeitpunkt sein, so profan das klingen mag. Während dieser Zeit sollten Sie auch getrennt bleiben, es muss ja nicht Monate dauern. Es ist sicher auch sehr angebracht, in dieser Phase über den Einfluss der magischen Kräfte nachzudenken, und Sie können Zwiesprache mit Sonne (männlich) und Mond (weiblich) oder Mars (leidenschaftlich) und Venus (ausgleichend) halten. Bereiten Sie in dieser Zeit das Versprechen vor, das Sie Ihrem Partner geben wollen. Und dann feiern Sie ausgelassen und befreit vom störenden Ballast

Ihren Junggesellenabschied und springen am nächsten Tag Hand in Hand durch das Feuer in Ihr gemeinsames Leben.

Magisches Thema zur Sommersonnenwende: Heilende Flammen

»[Heilung] bedeutet
nicht nur die Behandlung einer Krankheit
oder Beseitigung ihrer Symptome,
es bedeutet auch vorbeugende Maßnahmen
zu ergreifen und dafür zu sorgen,
dass nicht nur der Körper,
sondern auch der Geist gesund bleibt.«
Daan van Kampenhout

Blühendes Leben, das ist der Sommer, und der Wunsch nach Gesundheit wird gerade in dieser Zeit voller Lebenskraft unterstützt. Die magischen Kräfte, die Sie dazu einladen sollten, sind die des lebensspendenden Feuers.

Vorbereitung: Der Wunsch, den Sie für dieses Ritual formulieren, hängt von Ihrer körperlichen Verfassung ab. Er muss positiv ausgedrückt werden, Sie sollten also jede Verneinung vermeiden, und am einfachsten lautet er: »Ich will gesund sein und es bleiben.« Und dann setzen Sie sich in einen Kreis aus Flammen und übermitteln diesen Wunsch dem magischen Universum. Denn es beeindruckt nicht nur das innere Kind, in einem Flammenkranz zu sitzen. Gestehen Sie sich ein, dass es, wenn auch theatralisch, so doch einprägsam ist. Feuer schützt, und Feuer heilt auch, denn es wandelt.
Zeit: Mittsommer.

Hilfsmittel: Mindestens zwölf Teelichte und vier rote Kerzen für den Kreis. Als Duft den stärkenden Thymian oder Zimt. Ein Kristall oder Edelstein, und zwar einer, der Heilung fördert. Ganz allgemein eignet sich ein Bergkristall, oder falls Sie unter einer gesundheitlichen Störung leiden, wählen Sie einen, der die entsprechenden Symptome heilt. Die Edelsteinmedizin kann Ihnen hier weiterhelfen. Dazu Johanniskraut, das zu diesem Zeitpunkt blüht und Heiterkeit bringt.

Ritualablauf: Erden Sie sich, und stellen Sie dann den Kreis aus Kerzen auf: die vier roten Kerzen in Osten, Süden, Westen und Norden, dazwischen jeweils drei Teelichte, so dass ein großer Kreis entsteht. Verwenden Sie möglichst Windlichter, und schließen Sie, wenn Sie das Ritual im Zimmer durchführen, Fenster und Türen, damit keine Zugluft das Brennen der Kerzen stört.

Rufen Sie die heilende und schützende Kraft des Feuers an, und zwar nicht nur in Gedanken, sondern sprechen Sie laut. Es ist sehr nützlich, in diesem Fall nicht nur einfache, sondern möglichst beeindruckende Worte zu wählen. Machen Sie sich vorher Gedanken dazu, und schreiben Sie nötigenfalls einen Text auf, den Sie als Gedankenstütze durchaus dabeihaben dürfen.

Legen Sie den Bergkristall auf Ihren Solarplexus oder den Heilstein auf die entsprechende Stelle Ihres Körpers, und lassen Sie die Kraft des heilenden Feuers über diesen Kontakt in sich hineinfließen. Stellen Sie sich einen leuchtenden Strom vor, der Sie erfüllt und die Ihnen innewohnenden Heilkräfte stärkt und anregt. Bitten Sie um Gesundheit, um starke Abwehrkräfte und Heilung. Halten Sie diese Vorstellung so lange aufrecht, bis Sie merken, dass der Fluss versiegt. Entfernen Sie den heilenden Stein von Ihrem Körper, danken Sie dem magischen Element Feuer, und verabschieden Sie diese Energie. Heben Sie den magischen Kreis auf, indem Sie die Kerzen löschen. Nicht ausblasen, den Docht eintunken oder die Flamme abdämpfen. Reinigen Sie sich anschließend auf jeden Fall noch einmal mit einer Ihnen angenehmen Methode. Reinigen Sie auch den Stein in klarem, fließendem Wasser oder in Salz.

Lugnasad

Lug, der Strahlende, der irische Alleskönner war es, der diesem Fest seinen Namen gab. Er richtete es zu Ehren seiner Amme und Ziehmutter Taillte ein, derer man in der Zeit um den 1. August herum gedachte. Sie war eine Erdgöttin, und die reifenden Früchte des Landes schenkte sie den Menschen. Zu einer Zeit, in der das Nahrungsangebot bei weitem nicht so umfangreich war wie in unseren Tagen, war die Verehrung der Erde erheblich größer. Mutter- und Erdgöttinnen standen am Anfang aller Kulturen in hoher Achtung, und diese Göttinnen waren keine ätherischen Lichtgestalten, sondern handfeste, dem Boden verbundene Gestalten, rundlich, breithüftig, mütterlich. Wahrscheinlich hatten sie auch erdverschmierte Hände und lehmige Füße. Eine der schönsten und »irdischsten« Figuren der Erdgöttin ist die rund 25.000 Jahre alte Venus von Willendorf, eine steinzeitliche Skulptur. Die Erdmutter hat nie aufgehört zu existieren, aber sie ist aus unserem aktiven Bewusstsein verdrängt worden. Lugnasad ist ein sehr passender Zeitpunkt, ihrer wenigstens einmal im Jahr zu gedenken.

Traditioneller Ritualvorschlag zu Lugnasad: Mandala der Erde

»Ein Mandala kann als ›heilige Anordnung‹ verstanden werden, als Beschreibung des inneren und äußeren Universums in vollendetem Zustand, als Gebet in visueller Form.«
Jan Fries

Die Erde ist das Urbild der Mutter, sie nährt durch das, was sie hervorbringt. Die Materie, die Mater, die Mutter sind Worte, die eng verwandt miteinander sind. Das Korn, das Obst und das Gemüse, die Vögel, die Fische und die Tiere des Landes sind aus ihrem irdischen Schoß geboren. Jedes Jahr wieder in ihrem kreisenden Tanz um die Sonne, im Wechsel der Jahreszeiten, bringt sie die Samen zum Keimen, das junge Leben zum Wachsen und lässt sie zu reifen Früchten werden. Sie erfüllt ihre Aufgabe zuverlässig und geduldig, so wie eine Mutter es mit ihren Kindern tun sollte. Keine Mutter ist immer nur liebevoll, nährend und verzeihend. Weder die menschlichen Mütter noch die Große Mutter. Die Erdmutter mag langmütig sein, wird sie jedoch auf Dauer verletzt, missachtet und ausgebeutet, dann bebt sie irgendwann vor Zorn. Und mütterlicher Zorn kann gewaltig sein. Dann wächst auf verdorrten Böden kein Halm mehr, dann brechen Dämme, und die Fluten reißen die Ernte mit

sich, dann rasen Brände durch die Wälder, und geschändete Berghänge rutschen zu Tal. Mehr als jede Anbetung, mehr als jede heilende Zeremonie, jedes gesummte Mantra hilft der Erde die ständige Achtsamkeit ihr gegenüber. Wenn Sie an Lugnasad ein Ritual zu ihren Ehren begehen, sollten Sie das anschließend nie vergessen.

Vorbereitung: Sie werden ein »Ritual in Bewegung« machen, eine Pilgerreise zur Erde. Also ziehen Sie bequeme Schuhe an. Und legen Sie sich ein Tabu auf für diesen Weg, und zwar ein Schweigegebot. Es gibt nichts Lautes zu sagen bei dieser Wanderung. Innerlich allerdings, könnten Sie plötzlich feststellen, wird eine lebhafte Unterhaltung geführt. Vorzugsweise mit Mutter Erde.
Ort: Ein Ort der Kraft.
Hilfsmittel: Alles, um ein Naturmandala zu legen – Blumen, Tannenzapfen, Kiesel, Ästchen, Federn, Muscheln, Ähren etc.
Ritualablauf: Machen Sie einen langen, sehr bewussten Spaziergang durch die Natur. Betrachten Sie die Landschaft, die Sie durchwandern, als ein lebendes Wesen. Versuchen Sie, aus den gewachsenen Formen, der künstlichen Bebauung, der Verwilderung oder Kultivierung einen Charakter herauszuspüren. Ist Mutter Erde an dieser Stelle gesund und heil, oder leidet sie an Vernachlässigung und Wunden? Sprechen Sie mit ihr, und versuchen Sie zu erfühlen, wo die irdischen Kräfte sich konzentrieren. Möglicherweise benutzen Sie dazu auch Pendel oder Wünschelrute, aber mit ein wenig Achtsamkeit kann man das auch ohne diese Hilfsmittel herausfinden.

Nehmen Sie all Ihre »Fundsachen«, und legen Sie sie zu einem Kreis auf den Boden. Tun Sie es mit Andacht und absichtsvoll, und legen Sie zuletzt in die Mitte des Mandalas etwas besonders Schönes. Dann knien Sie sich vor dieses Mandala und nehmen Kontakt mit Mutter Erde auf, indem Sie sich vorbeugen und mit der Stirn den Boden berühren. Fühlen Sie die Kraft der Erde, ihr langes Gedächtnis, ihr langsames, stetiges Pulsieren, das untergründige Schweigen eines alten, weisen Lebewesens. Danken Sie Mutter Erde, und kehren Sie schweigend heim. Achten Sie in den folgenden Nächten auf Ihre Träume.

Magisches Thema zu Lugnasad: Sternschnuppenzauber

»Eigentlich leben wir jetzt schon im Himmel.
Wo sonst? Auf einem leuchtenden,
tanzenden Stern.«
Lotte Ingrisch

Magische Rituale sind flexibel zu gestalten, wie Sie schon gemerkt haben. Es gibt solche mit ausgefeilten Vorbereitungen und dramatischen Anrufungen, es gibt verspielte und sehr ernste. Es gibt aber auch ganz spontane. Und hier ist so eines.

Ab dem 11. August durchläuft die Erde den Meteorschwarm der Perseiden. Und dann schnuppen die Sterne zwanzig Tage lang vom Himmel. Bis zu fünfzig Stück pro Stunde. Und Sie wissen ja: Wenn man eine Sternschnuppe sieht, sich ganz schnell etwas wünscht, darüber schweigt und es dann vergisst, dann wird sich der Wunsch mit Sicher-

heit erfüllen. Glauben Sie mir, ich weiß, wovon ich spreche.

Vorbereitung: Es ist einfach keine möglich.
Ort: Irgendwo, wo Sie den Himmel sehen können.
Zeit: Eine Augustnacht.
Ritualablauf: Wenn Sie eine Sternschnuppe sehen, wünschen Sie sich ganz spontan etwas. Halten Sie den Wunsch fest, solange der Feuerstreif zu sehen ist. Sprechen Sie mit niemandem darüber, sagen Sie noch nicht einmal, dass Sie die Sternschnuppe überhaupt gesehen haben. Versuchen Sie, den Wunsch so gut wie möglich zu vergessen. Achten Sie in der nächsten Zeit auf Zufälle.

Herbsttagundnachtgleiche

Heutzutage ist der erste Sonntag im Oktober zum christlichen Erntedankfest bestimmt. Die Kirche hat bewusst vermieden, die genauen Zeitpunkte zu übernehmen, die das Sonnenjahr vorgibt. Vermutlich war den Kirchenvätern das zu heidnisch. Wir sollten uns ruhig auf die natürlichen Rhythmen besinnen, und die sagen, dass ein magischer Termin im Kreislauf des Jahres die Herbsttagundnachtgleiche am 23. September ist. Der Herbst beginnt, und damit werden jetzt die Nächte länger als die Tage. Die Natur beginnt sich zurückzuziehen, die Ernte ist zum größten Teil eingebracht, und man darf, gleichgültig, ob es ein gutes oder schwieriges Jahr war, Dank aussprechen. Für die Gaben, die man erhalten hat, und die Herausforderungen, an denen man sich messen musste. Und dann richtet man sich auf die kommende dunklere Zeit ein, die beschwerlich werden kann. Wenn man also schon sieht, dass der Weg hart wird, sollte man sich von überflüssigem Gepäck trennen und es den Göttern opfern.

Traditioneller Ritualvorschlag zur Herbstäquinox: Erntedank

»Andachtsrituale haben allein den Zweck, Kontakt mit dem inneren Leben herzustellen, und sollten im Hinblick darauf aufgebaut werden.«
William G. Gray

Erntedank bezieht sich nicht nur auf die Früchte des Feldes, sondern auch auf die des Lebens. Eine symbolische Handlung ist das eine wie das andere. Die Zeit ist reif für ein Dankritual – ein Andachtsritual, das jenen Kräften gewidmet ist, die Ihnen in diesem Jahr beigestanden haben.

Vorbereitung: Was hat Ihnen die Ernte dieses Jahres eingebracht? Gab es an einer Stelle eine besondere Fülle, gab es unerwartete Zuwendungen, nicht nur materieller Art? Gab es Erkenntnisse, die Ihr Leben verändert haben? Gab es Schwierigkeiten, die Sie meistern konnten? Oder an denen Sie fast zerbrochen sind? Sagen Sie Dank für alles. Das gehört zur Magie, denn die Kräfte, die Ihr Leben bestimmen, sind keine unbelebten Maschinen, sondern intelligente Mittler zwischen Ihren Zielen und denen des Universums. Wem möchten Sie insbesondere danken? Danach richten sich Ihre Hilfsmittel.

Zeit: Herbstäquinox.

Hilfsmittel: Als Dank für Licht und Wärme in Ihrem Leben schicken Sie einen Gruß an die Sonne. Für Inspiration und große Träume gedenken Sie des Mondes. Das Dankeschön für gute Nachrichten und Erfolg bei Prüfungen gilt Merkur. Für Liebe und Harmonie bedanken Sie sich bei Venus. Haben Sie einen Sieg errungen, verdient Mars Ihren Dank. Sind Sie innerlich gewachsen oder haben Sie materiellen Erfolg zu verzeichnen, danken Sie Jupiter. Und haben Sie es geschafft, Ihre Schwierigkeiten aus eigener Kraft zu bewältigen, sollten Sie sich bei Saturn bedanken. Wählen Sie jeweils die passenden Farben und Düfte, die richtige Anzahl der Kerzen und entsprechende Symbole, um Ihren Altar damit zu schmücken (siehe Kapitel: Die magischen Gäste, Seite 38ff.).

Ritualablauf: Reinigen und erden Sie sich, legen Sie Kleidung in der passenden Farbe an, und ziehen Sie den Kreis um sich, indem Sie die Wächter der vier Himmelsrichtungen anrufen. Und dann knien Sie sich vor dem geschmückten Altar nieder und konzentrieren sich ganz darauf, den göttlichen Kräften, den Mittlern zwischen Ihnen und dem vielschichtigen, unbeschreiblichen und unfassbaren Gewebe der Welt, zu danken für alles, was Ihr Leben reicher gemacht hat. Vergessen Sie nicht: Niemand ist eine Insel, alles ist miteinander verbunden, und wenn man in Resonanz mit den kosmischen Schwingungen lebt, geschehen Wunder. Wenn Sie möchten, können Sie ein Dankopfer darbringen, was, das ist natürlich Ihnen überlassen. Doch es ist immer ein Symbol. Und nie etwas Lebendes!

Magisches Thema zur Herbstäquinox: Solve et coagula

»Suche das Untere der Erde auf, vervollkomme es, und du wirst den verborgenen Stein finden.«
Alchemistischer Grundsatz

Trennen heißt sich lösen. Doch nichts bleibt lange gelöst, es verbindet sich mit etwas Neuem zu einem anderen Ganzen. Solve et coagula – löse und verbinde – ist eine der alten alchemistischen Vorgehensweisen, und diese Magie wirkt immer dann, wenn wir uns von etwas trennen. Was man los wird, hinterlässt eine Leere, die das Bestreben hat, sich zu füllen. Und wie immer, wenn das passiert, ohne dass wir uns dessen bewusst sind, kann das, was die Leere füllt, schlimmer sein, als das, was wir losgeworden sind.

Vorbereitung: Wenn Sie sich also von Ballast trennen wollen, sei es von ein paar Pfunden zu viel auf der Hüfte, einer schlechten Angewohnheit, einem unerträglichen Partner, einer bedrückenden Angst oder von was auch immer Sie beschwert, dann sorgen Sie dafür, dass es bewusst geschieht und dass Sie schon vorher genau wissen, wie Sie die Leere füllen wollen, die diese Trennung hinterlässt. Bei der Trennung von den Speckröllchen besteht Leere im Magen – die kann man notfalls mit Wasser füllen. Schlechte Angewohnheiten aber müssen von anderen, besseren Angewohnheiten ersetzt werden, die Ihnen Freude bereiten. Wenn Sie Ihren Partner vor die Tür setzen, sollten Sie darüber nachdenken, anschließend einen Findelhund aufzuneh-

men, dem Sie Ihre Zuneigung schenken können. Und wenn Sie eine Angst verlieren möchten, dann sollte eine Hoffnung ihren Platz einnehmen.

Ort: An einem fließenden Wasser.

Zeit: Herbstäquinox.

Hilfsmittel: Ein Symbol dessen, wovon Sie sich trennen wollen. Beispielsweise das letzte Stück Kuchen, ein gelber Kerzenstumpf mit dem Wort »Geiz« eingeritzt, eine Socke Ihres Partners oder ein Knäuel schwarzen Garns, in das Sie Ihre Angst geknotet haben. Eine Kerze (Teelichte sind besonders geeignet) in einem festen Papier- oder Holzschiffchen sowie Streichhölzer.

Ritualablauf: Machen Sie eine Wanderung zu einem Fluss, Bach, Kanal oder, wenn das möglich ist, zum Meer. Vollziehen Sie hier die klassische Ritualeinleitung von Kabbalistischem Kreuz und Pentagrammkreis (siehe Seite 60ff.). Dann entspannen Sie sich durch mehrmaliges tiefes Einatmen und konzentrieren sich auf das Element Wasser, das sich vor Ihnen bewegt. Versuchen Sie, seine Eigenschaften in sich aufzunehmen, das Durchspülen und Verflüssigen, das Reinigen und Auflösen. Wenn Sie von diesem Gefühl durchströmt sind, werfen Sie das Symbol dessen, wovon Sie sich trennen wollen, ins Wasser. Sagen Sie laut: »Ich trenne mich von dir (Bezeichnung oder Name). Möge meine Bindung an dich gelöst und fortgespült sein!« Beobachten Sie, wie Ihr Symbol verschwindet. Weinen Sie, wenn nötig. Dann zünden Sie die Kerze an und setzen sie in Ihr Schiffchen. Segnen Sie sie, und bitten Sie: »Möge dieses Licht die Leere füllen und mir helfen, (was Sie wünschen) im Strom des Lebens zu finden.« Setzen Sie das Lichterschiffchen auf das Wasser, und geben Sie ihm einen Schubs, damit es in Bewegung kommt (und nicht das dürre Schilf in Brand setzt). Beobachten Sie es eine Weile, bis es weitergezogen oder im Wasser versunken ist.

Beschließen Sie nun das Ritual formal mit dem Kabbalistischen Kreuz und der Entlassungsformel für die magische Kraft des Elementes Wasser. Seien Sie in der nächsten Zeit aufmerksam, wenn vermeintliche Zufälle passieren.

Samhain

Halloween, die Nacht der Geister, ist in den angelsächsischen Ländern das ferne Echo des keltischen Samhainfestes. Die Nacht vom 31. Oktober zum 1. November ist eine der geheimnisvollsten im ganzen Jahreskreis. Für die Kelten bedeutete es, dass das Arbeitsjahr zu Ende war, auf den Feldern und Weiden gab es nichts mehr zu tun, die Ernte war eingebracht, das Vieh in den Ställen. Heute ist unsere Arbeit zwar weitgehend unabhängig von den jahreszeitlichen und witterungsmäßigen Einflüssen, doch die dunkle Zeit beginnt nach wie vor im November, und nach wie vor ist sie die Zeit der Lichter und der warmen Räume. Es ist durchaus sinnvoll, seinen Lebensrhythmus ein wenig umzustellen, sich auf häusliche Aktivitäten zu konzentrieren, sozusagen am Nest zu bauen, mehr nach innen zu schauen oder manchmal auch zurück oder in die Zukunft.

Ein traditioneller Brauch – das Ahnengedenken

»Ahnenkult bedeutet immer, sich dem Leben zu- und sich nicht etwa von ihm abzuwenden.«
Vicky Gabriel

Das Rad des Jahres ist das Rad des Lebens, Werden und Vergehen bilden einen Kreis. Ob unsere Verstorbenen noch irgendwo auf dieser Welt weilen oder zu den Sternen gegangen sind, in jener Anderwelt darauf warten, wiedergeboren zu werden, das ist eine Glaubenssache. Den Lebenden jedoch tut es gut, sich der Toten zu erinnern. Den Ahnen mag es ebenfalls gefallen, dass man sich ihrer erinnert. Doch sie haben auch ein Recht, ihr jetziges Dasein unabhängig von den Lebenden zu gestalten, und allzu heftiges Anklammern an die Verstorbenen ist weder gut für die einen noch für die anderen. Die Bande des Lebens sind gelöst, akzeptieren Sie auch das, und legen Sie jedes Besitzenwollen ab. Erinnern Sie sich, aber verlangen Sie nichts.

Ein Ritualablauf ist hier schwer vorzugeben. Sie selbst wissen am besten, woran Sie sich bei denen erinnern möchten, die vor Ihnen gegangen sind. Ob Sie das mit Trauer tun oder mit Respekt, vielleicht sogar mit Erleichterung oder mit Groll im Herzen, mit Vertrauen auf ein Weiterleben in einer anderen Welt oder eine Wiedergeburt, bleibt Ihnen überlassen.

Sie können ein Familienfest feiern und für die Vorfahren ein zusätzliches Gedeck auflegen, ihnen bei einem fröhlichen oder besinnlichen Mahl berichten, was sich in der Familie getan hat. Sie können aber auch an einen Ort gehen, der eine Verbindung zu den Vorfahren herstellt, ein Grab, ein Baum, ein Platz, den diejenigen sehr liebten, und dort über all das berichten, was Sie für notwendig halten. Eine andere, sehr intensive Form der Kontaktaufnahme mit den Verstorbenen ist eine Nachtwache, Vigilien, in einer stillen Kirche oder Kapelle. Es liegt viel Magie in einer solchen Gedenkfeier, denn Sie werden merken, dass Sie, wenn Sie wirklich ernsthaft in Kontakt mit den Geistern der Vergangenheit treten, auch Antworten auf Ihre Fragen erhalten werden, die Sie mit einbeziehen können, wenn Sie später Ihre eigenen Entscheidungen treffen. Das kann eine große Hilfe sein.

Magisches Thema:
Besuch in der Anderwelt

»Dann verschwand der Nebel wie ein Vorhang, den jemand zur Seite zieht. Vor ihnen im Sonnenlicht lag eine grüne Küste.«
Die Nebel von Avalon

In der Samhainnacht empfanden es die Kelten als leicht, in der anderen Welt zu wandern. Sie löschten die Feuer und Lichter und entzündeten sie erst am nächsten Morgen wieder.

Vorbereitung: Versuchen auch Sie einmal, in dieser Nacht die Schwelle zu überschreiten, denn die Anderwelt ist auch Ihnen nahe. Sie können ihr jedoch nicht bewusst begegnen, sondern nur in einem Zustand tiefer Entspannung. Dunkelheit, die nur durch ein einzelnes Kerzenlicht erhellt wird, fördert diesen Zustand. Halten Sie sich warm, in Decken gehüllt, und lassen Sie Ihren Geist wandern. Doch wenn Sie diese Übung zum ersten Mal machen, sollten Sie Freunde dabeihaben, denn in der Anderwelt tanzen nicht nur friedfertige Elfen, sondern man kann durchaus auch Ungeheuern und bösartigen Monstern begegnen. In einem solchen Fall muss Sie jemand aus einem solchen Traum aufwecken und behutsam in diese Welt zurückholen.

Zeit: Samhain, in der Dunkelheit, gegebenenfalls bis zum Morgen.

Hilfsmittel: Eine Kerze, warme Decken.

Ritualablauf: Zünden Sie eine Kerze an, und löschen Sie dann alle Lichter, schalten Sie alle Energiequellen aus – nicht unbedingt die Heizung und den Kühlschrank, aber auf jeden Fall den Fernseher, den Computer, das Telefon etc., und zwar so, dass auch kein Standbylämpchen mehr leuchtet. Am einfachsten schalten Sie die entsprechenden Sicherungen aus. Stellen Sie die Kerze auf einen zentralen Tisch, hüllen Sie sich in Ihre Decken, und genießen Sie die Stille, die sich daraus ergibt, dass kein Gerät mehr tickt, brummt oder pulsiert. Atmen Sie einige Male tief ein, und stellen Sie sich dann vor, dass Sie eine Treppe Stufe für Stufe nach unten gehen. Nach zehn Schritten werden Sie ein Eingangstor finden, vielleicht ein altes Hügelgrab, eine Höhle, einen Steinkreis. Treten Sie ein, und lassen Sie die Landschaft, die sich auftut, zunächst einmal in Ruhe auf sich wirken. Wenn sich Ihnen eine besonders interessante oder schöne Szenerie auftut, verfolgen Sie sie weiter. Vielleicht treffen Sie Ihre Ahnen und Vorfahren, vielleicht auch Feen und Elfen, rotohrige Tiere oder lang vermisste Freunde. Wenn Sie wollen, können Sie all diesen Wesen Fragen stellen, nach der Vergangenheit, der Gegenwart und der Zukunft. Aber möglicherweise wandern Sie auch nur durch blühende Haine oder entlang schilfbestandener Ufer. Auch das kann überaus erholsam sein. Sollten Sie die Situation jedoch irgendwie als unangenehm, bedrohlich oder beklemmend empfinden, kehren Sie um und suchen sich einen anderen Weg. Man kann mit ein paar entschiedenen Worten in dieser Welt alles fortschicken. Gelingt Ihnen das nicht, rufen Sie Ihren Partner zu Hilfe, der in der realen Welt verblieben ist. Er wird Sie, am besten durch eine Berührung, zurückholen.

Ansonsten verweilen Sie, solange sie mögen, aber selbst wenn es noch so schön ist, vergessen Sie nicht, wieder in die reale Welt zurückzukehren. Kehren Sie durch das Tor zurück, durch das Sie eingetreten sind, und steigen Sie bewusst die zehn Stufen wieder hinauf. Öffnen Sie die Augen, und um wirklich wieder in dieser Welt Fuß zu fassen, beschäftigen Sie sich mit etwas Konkretem – etwa im Haus die Lichter anzumachen, vielleicht den Kamin zu entzünden und sich auf dem Herd einen Tee zu kochen.

Wintersonnenwende

Es ist der dunkelste Tag des Jahres. Doch Dunkelheit muss nicht beängstigend sein. Sie herrscht auch in den verborgenen Höhlen der Erde, in der schützenden, warmen Umgebung des mütterlichen Leibes, in der das Kind heranwächst, um dann eines Tages das Licht der Welt zu erblicken. Geburt ist das magische Thema dieses Tages, es beinhaltet Hoffnung und Freude auf die Zukunft.

Obwohl es der kürzeste Tag des Jahres ist, liegt gerade darin die Hoffnung, denn – dunkler kann es nun nicht mehr werden. Kälter ja, aber nicht mehr dunkler. Das Licht hat wieder die Finsternis besiegt, der Weg führt unabänderlich nach oben, aus den Tiefen hinaus zur strahlenden Helligkeit. Das Rad dreht sich weiter, Vergehen und Werden gehen ineinander über, die Samen und Zwiebeln, die in der frostigen Erde ruhen, werden in den kommenden Wochen von der immer länger dauernden Sonneneinstrahlung geweckt.

Traditionelles Thema: Das Gewebe des Lebens

»Wenn uns ein Orakel aus dem Nichts erscheint und uns einen Rat von vollendeter Eleganz anbietet, wissen wir, dass etwas Ehrfurchtgebietendes geschehen ist.«
Dianne Skafte

Es gibt viele Möglichkeiten, Orakel zu befragen. Doch letztlich läuft es immer auf dasselbe hinaus – man möchte einen Rat haben, eine Antwort, die eine mit dem Verstand nicht zu lösende Frage betrifft. Nicht immer muss es die Zukunft sein, die man kennen lernen möchte, obwohl die sich vor allem dem rationalen Zugriff entzieht. Wir können bestimmte Entwicklungen planen, doch das Gewebe der Welt enthält so viele Knoten, so viele Verzweigungen, dass wir immer nur einen Bruchteil von ihnen überschauen können. Andererseits sind auch wir selbst ein Fädchen in diesem Gewebe, wir beeinflussen es damit genau wie alles und alle anderen. Orakel stellen einen anderen Blickwinkel als den verstandesgemäßen auf dieses komplizierte Muster der Wirklichkeiten dar, und es ist manchmal ganz sinnvoll, sich diese Kenntnisse auch zunutze zu machen.

Vorbereitung: Denken Sie über die Frage nach, die Sie dem Orakel stellen wollen. Formulieren Sie sie gründlich, einprägsam und kurz.

Zeit: Wintersonnenwende.

Hilfsmittel: Ihr Lieblingsbuch oder die Bibel.

Ritualablauf: Die klassische Ritualeinleitung ist hier angebracht, sie ist formal und würdevoll, und das Exerzitium der mittleren Säule konzentriert Ihre Kräfte auf das, was zu tun ist. Wenn Sie sich als Kanal der magischen Kräfte aufgeladen haben, sprechen Sie Ihre Frage noch einmal aus. Nehmen Sie das Buch zur Hand, und sagen Sie laut: »Ich erkenne dich als Orakel an!« Und dann schlagen Sie die Seiten mit geschlossenen Augen auf und fahren mit dem Finger über die Zeilen. Öffnen Sie die Augen, und lesen Sie, worauf Ihr Finger zeigt. Diese »zufällige« Auswahl eines Satzes oder Abschnitts, ja manchmal nur eines Wortes oder sogar einer Abbildung sollten Sie als Antwort werten und gut darüber nachdenken. Sie wird einen Sinn machen! Beschließen Sie das kurze Ritual korrekt mit der Entlassung der gerufenen Kräfte.

Magisches Thema: Schutz

*»Es ist besser, ein kleines Licht anzuzünden,
als die Dunkelheit zu verfluchen.«*
Konfuzius

Trotz aller Hoffnung auf die lichter werdenden Tage ist man in der winterlichen Dunkelheit häufig von Ängsten und Depressionen geplagt. Als der Begriff »Depression« noch nicht das gängige Vokabular der Befindlichkeiten bereicherte, fühlte man sich in solchen Situationen von bösen Geistern oder Dämonen bedrängt, und zu deren Bekämpfung setzte man nicht die heute üblichen Psychopharmaka ein, sondern die Kräfte der Magie. Und daran können wir uns auch heute ein Beispiel nehmen. Denn was vertreibt die Dunkelheit der Seele besser als Helligkeit? Hier ein Schutzritual, das einen Kokon aus Licht um Sie verbreitet.

Vorbereitung: Eine vorbereitende Raumreinigung erhöht die Wirkung des Schutzrituals, und auch eine persönliche symbolische Reinigung sollte dem Ritual unbedingt vorausgehen.

Ort: Wo Sie sich ungestört und sicher fühlen.

Zeit: Wintersonnenwende oder immer, wenn Sie es brauchen.

Hilfsmittel: Je eine neue durchgefärbte gelbe, eine rote, eine blaue und eine grüne Kerze, Ilex-, Eiben- oder Wacholderzweige.

Ritualablauf: Legen Sie achtsam einen Kreis aus den Zweigen der schützenden Büsche um sich herum, und stellen Sie sich dabei vor, wie sie eine nadelige, dornige Hecke um sie bilden. Stellen Sie in Richtung Osten die gelbe Kerze auf, in Richtung Süden die rote, im Westen die blaue und im Norden die grüne. Sie selbst bilden die Mitte dieses Kreises. Zünden Sie nun eine Kerze nach der anderen an, beginnend bei der gelben, und sprechen Sie:

»Es weht die Luft die Ängste fort,
das Feuer stärkt die Abwehrkraft,
das Wasser nährt, was sonst verdorrt,
und festen Halt die Erde schafft.«

Setzen Sie sich in die Mitte dieses Kreises, und stellen Sie sich die Bilder der vier Elemente Luft, Feuer, Wasser und Erde in ihren bannenden und schützenden Eigenschaften vor. Ein Windstoß, der den Staub fortbläst und die Nebel auflöst, das knisternde Feuer, in dem die schädlichen Dämpfe verdunsten und das Licht und Wärme bringt, ein klarer Wasserschauer, der reinigend die Schlacken fortspült und die welken Blätter netzt, die Erde als schützender Fels, als fester Grund, der verlässlichen Halt liefert und eine undurchdringliche Barriere gegen alles Widerwärtige bildet. Wenn Sie diese Bilder in sich haben aufsteigen lassen, dann sagen Sie:

»Mir leuchtet ein Licht im Osten,
mir leuchtet ein Licht im Süden,
mir leuchtet ein Licht im Westen,
mir leuchtet ein Licht im Norden.
Mir leuchtet ein Licht in der Höhe,
mir leuchtet ein Licht aus der Tiefe.«

Stellen Sie sich eingesponnen in Lichtfäden vor, sicher und geschützt durch die Kraft der vier Elemente, der elementaren Mächte dieser Welt. Seien Sie dankbar dafür, und sagen Sie:

»Mit Glanz umhüllt mich Kerzenlicht,
verbannt den Geist der Dunkelheit.
Es füllt mein Herz mit Zuversicht
und schenkt der Seele Helligkeit.«

Genießen Sie den Augenblick des Geschütztseins, atmen Sie tief durch, und schöpfen Sie Kraft aus ihm. Löschen Sie die Kerzen durch Eintauchen des Dochtes in das flüssige Wachs, und sammeln Sie die Zweige des schützenden Kreises im Uhrzeigersinn wieder auf. Wenn Sie möchten, binden Sie aus diesen Zweigen einen Kranz und schmücken ihn mit den vier Kerzen. Auf diese Weise haben Sie ein Symbol des Schutzes und des Lichtes geschaffen. Das ist eben auch eine Bedeutung des Adventskranzes.

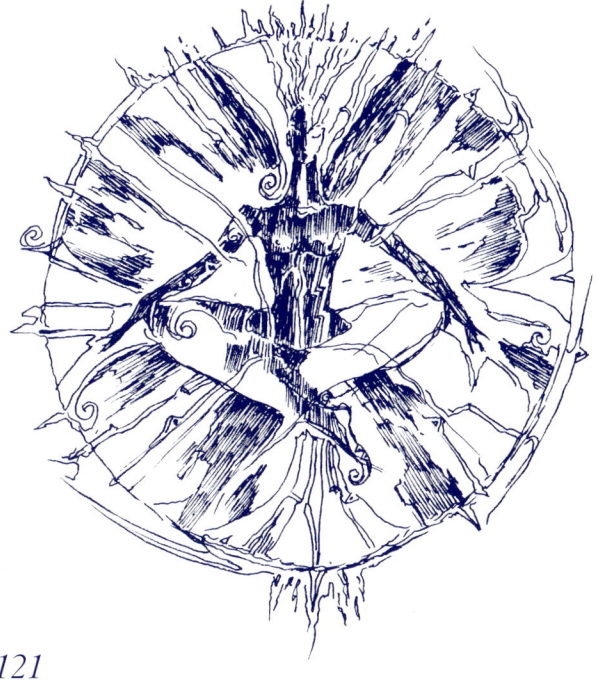

10. Kapitel

Selbst gestaltete Rituale

»Jeder, der sich jahrelang mit den Riten anderer beschäftigt, ohne je irgendwelche eigenen zu entwickeln, hat den größten Teil seiner Lebenszeit verschwendet.«

William G. Gray

Magie ist Arbeit an sich selbst. Und die wirkt Wunder. Magie zu betreiben bedeutet, sich Wissen einer anderen Art anzueignen, Zusammenhänge auf vielen Ebenen zu erkennen und dann irgendwann einzusetzen. Zu welchem Zweck auch immer. Ein ernsthafter Magier muss sich mit vielen – ich persönlich meine hochinteressanten – Gebieten auseinander setzen. Dazu gehören die Mythologie der früheren Kulturen oder die unterschiedlichen Glaubensrichtungen der Welt, die Psychologie der Farben, die Heilkraft und symbolische Bedeutung der Kräuter, die subtile Wirkungsweise der Düfte, der Kreislauf des Mondes, Märchen und Sagen, Musik und Rhythmus, die Kenntnis des eigenen Körpers, der Symbole, die in den Träumen und Trancen auftauchen – um nur einige Beispiele zu nennen. Nach einer Weile werden sich dann feine Fädchen zwischen den einzelnen Themen spinnen, werden Bezüge hergestellt zwischen Gebieten, die zuvor anscheinend nichts miteinander zu tun hatten, es bildet sich ein

Gewebe aus altem und neuem Wissen, das ein wenig dem großen, universalen Netzwerk gleicht. Und dann ist man in der Lage, sich ein wenig darin zurechtzufinden, Einfluss zu nehmen und mit der Kenntnis der tiefen Bedeutung der Symbole Magie zu wirken.

Die Brücke zwischen den Welten

Sie sollten sich immer vor Augen halten, dass wir nicht nur in dieser Welt leben, die wir Realität nennen, die aus Materie besteht und die mit den uns gegebenen – ziemlich eingeschränkten – Sinnen erfassbar ist. Wer das meint, wird immer Probleme bekommen, wird immer mit Dämonen und unheimlichen Ereignissen konfrontiert, die sich aus jener anderen Welt hervorschleichen und sich in der Realität manifestieren. Wir müssen erkennen, dass wir zumindest in zwei gleichwertigen Welten leben. In der materiellen Welt und in der Welt des Geistes (nicht der Geister!), denn es sind unsere Gedanken, Gefühle, Ängste und Hoffnungen, die unsere Realität gestalten.

Ein Magier weiß um beide Welten und trennt sie säuberlich. Die Welt, die mit dem körperlichen Leben und Überleben verbunden ist, und jene, die mit dem Kräftegewebe des Universums in Verbindung steht, gehören zwar zusammen, aber die Grenze muss gewahrt bleiben. Wer nur in der materiellen Welt lebt, wird seelisch verhungern, wer nur in der geistigen Welt lebt, verhungert letztendlich körperlich. Wer die beiden Welten durcheinander bringt, wird wahnsinnig. Rituale, der sinnvolle und absichtsvolle Einsatz von Symbolen und symbolhaften Handlungen, sind die Brücke zwischen den Welten. Jeder, der sich das Grundwissen über die archetypischen, die magischen Kräfte und ihre Analogien angeeignet hat, kann sich damit selbst Brücken bauen. Ob sie dann begehbar sind, hängt von Wissen und Intuition ab.

Magie – der Griff nach den Sternen

Wenn Sie Ihre eigenen Rituale gestalten, und dazu sollten Sie nach der Lektüre dieses Buches in gewissem Umfang in der Lage sein, dann werden Sie merken, dass es kein »einfacher Hokuspokus« ist, der da getrieben wird, sondern dass Magie aus gut durchdachten, geplanten Vorhaben besteht, die Zeit, Willen, Wissen und übergreifendes, interdisziplinäres Denken erfordern. Die eine Seite ist die Technik, die Grundlagen des Reinigens, Erdens, Bannens und Anrufens, das Auswählen von Ort, Zeit und Hilfsmitteln, das andere aber sind die Inhalte. Und den Inhalt bestimmen Sie mit Ihrem Willen. Beides zusammen, Technik und Wollen, muss zu einem kreativen Ganzen gestaltet werden, zu einem Kunstwerk, denn erst das macht die Götter geneigt und die Magie wirksam. Später jedoch, wenn Ihr Wissen größer und die Beherrschung der Technik vollkommen ist, dann können Sie größtenteils auf die materielle Seite der Rituale verzichten. Dann findet die Magie in Ihnen auf einer ganz anderen Ebene statt und durchdringt, wenn Sie es wollen, Ihr Leben.

Aber eben erst dann – bis dahin zünden Sie noch Kerzen und Räucherwerk an und heben die Hände zum Himmel, um die Götter anzurufen. Denn wie für alles im Leben gilt auch für die Magie, dass man nur durch den Staub zu den Sternen kommt.

»Man muss wissen, um zu wagen,
wagen, um zu wollen,
wollen, um das Reich zu erhalten,
und um zu herrschen, muss man schweigen.«
Eliphas Lévi

Planeten und Elemente im Überblick

Mond
Partnerschaft, Heim
und Häuslichkeit,
Zeugung und Geburt,
Inspiration, Reinigung,
Träume und Intuition,
Frauenmysterien

Merkur
Bildung, Denkfähigkeit,
Gedächtnis, Handel,
Diplomatie, Verkehr,
Wortgewandtheit,
Schnelligkeit,
Diebereien

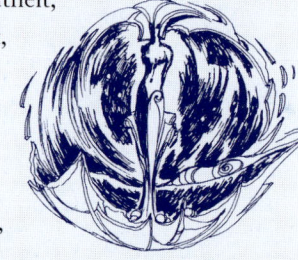

Sonne
Lebenskraft,
Wachstum,
Fortschritt, Freude,
Ehre, Führerschaft,
neue Unternehmungen,
Ratio, Männermysterien

Venus
Liebe, Schönheit,
Harmonie,
Freundschaft,
Mitgefühl, Hingabe,
Sensibilität, Gerechtigkeit

Mars
Stärke, Dynamik, Tatkraft,
Durchsetzungsvermögen,
Kampf, Wettkampf, Sport,
Sexualität, Aggression und
Konflikte

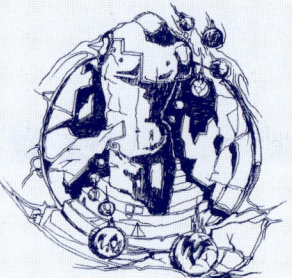

Jupiter
Wachstum, Macht, Anerkennung, Verantwortung,
Selbstbewusstsein, Toleranz, Großzügigkeit, Religion
und Mystik, Gesundheit, Politik

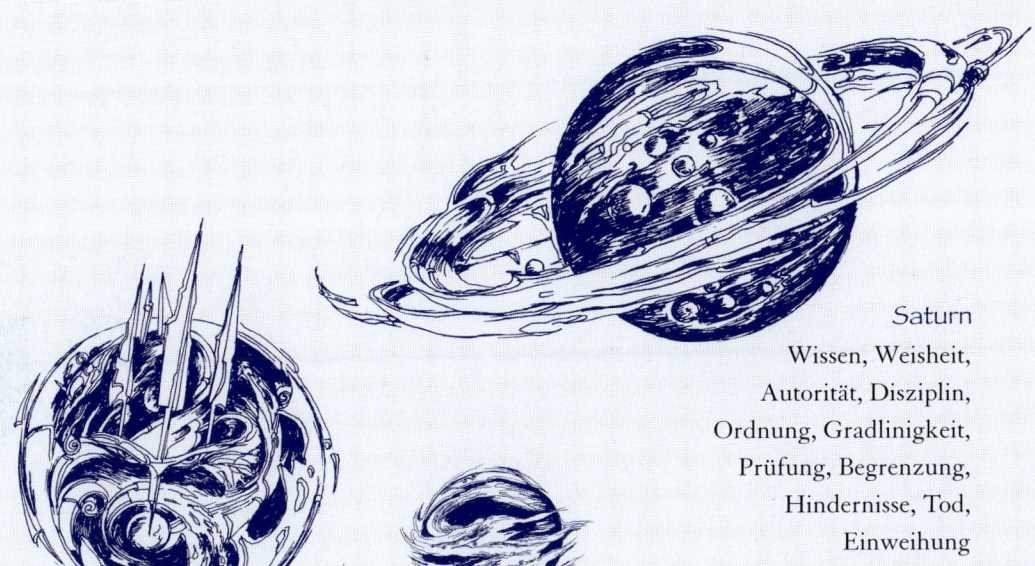

Saturn
Wissen, Weisheit,
Autorität, Disziplin,
Ordnung, Gradlinigkeit,
Prüfung, Begrenzung,
Hindernisse, Tod,
Einweihung

Luft
Kommunikation,
Lernen, analytisches
Denken, Neuanfänge,
Reisen, Heiterkeit

Uranus
Wissenschaft, Technik,
Kreativität, Originalität,
plötzliche Einfälle, Sponta-
nität und daher leider auch
Katastrophen

Erde
Geduld, Festigkeit,
Verlässlichkeit,
Sinnlichkeit,
Fruchtbarkeit,
Wachstum

Neptun
Spiritualität, Mystik, Sehn-
sucht, Unbewusstes,
Phantasie, Menschenliebe,
Entdeckungen und Durch-
einander

Feuer
Willensstärke,
Begeisterungsfähigkeit,
Warmherzigkeit,
Führungskraft, Glauben

Pluto
Verwandlung, Herrscher
der Massen, Härte, Macht,
Korruption, Besessenheit,
Sex, Tod und Wiederge-
burt

Wasser
Gefühlstiefe, Romantik,
künstlerische Fähigkeiten,
Geheimnisse, Reinigung

**Alle vier
Elemente**
Zusammen
bilden die vier
Elemente die
Grundlage eines
jeden magischen
Schutzkreises

Literatur

Borysenko, Joan:
Das Buch der Weiblichkeit, dtv 2000

Butler, Walter:
Die hohe Schule der Magie, Bauer 1994

Budapest, Zsuzsanna:
Der Einfluss der Schicksalsgöttinnen, Knaur 1999

Cameron, Julia: Der Weg des Künstlers,
Knaur 1996

Douglas, Mary:
Ritual, Tabu und Körpersymbolik,
Fischer 1998

Fortune, Dion:
Die mystische Kabbala, Bauer 1995

Frater V∴D∴:
Schule der Hohen Magie, Ansata 2001

Fries, Jan:
Visuelle Magie, Ananael 1995

Gabriel, Vicky:
Der alte Pfad, Arun 1999

Gray, William:
Magie, Goldmann 1994

Van Gennep, Arnold:
Übergangsriten, Campus 1999

Greene, Liz:
Saturn, Kailash 1996

Van Kampenhout, Daan:
Heilende Rituale, Bauer 2000

Lévi, Eliphas:
Transzendentale Magie, Ansata 1998

Skafte, Dianne:
Die Wiederkehr der Orakel, Knaur 1998

Tegtmeier, Ralph:
Runen – Alphabet der Erkenntnis, Urania 1997

Walker, Barbara:
Das geheime Wissen der Frauen, dtv 1996

Impressum

Der Ludwig Verlag ist ein
Unternehmen der Ullstein Heyne List
GmbH & Co. KG, München
© 2003 Ullstein Heyne List
GmbH & Co. KG, München.

Illustrationen: *Beate Brömse, München*

Redaktion: *Margit Brand, Berit Hoffmann*

Projektleitung: *Berit Hoffmann*

Redaktionsleitung: *Nina Andres*

Layout und Umschlag:
Marcus Nerger, Augsburg

DTP-Produktion:
Marcus Nerger, Augsburg

Produktion: *Manfred Metzger
(Leitung), Annette Aatz*

Titelbild: *Masao Mukai,*
Photonica, Hamburg

Druck und Bindung:
Westermann, Zwickau

Gedruckt auf chlor- und
säurefreiem Papier

Printed in Germany

ISBN: 3-7787-5060-7

Register